아이가 주인공인 책

아이는 스스로 생각하고 성장합니다.
아이를 존중하고 가능성을 믿을 때
새로운 문제들을 스스로 해결해 나갈 수 있습니다.

길벗스쿨의 학습서는 아이가 주인공인 책입니다.
탄탄한 실력을 만드는 체계적인 학습법으로
아이의 공부 자신감을 높여줍니다.

가능성과 꿈을 응원해 주세요.
아이가 주인공인 분위기를 만들어 주고,
작은 노력과 땀방울에 큰 박수를 보내 주세요.
길벗스쿨이 자녀 교육에 힘이 되겠습니다.

박재찬 지음

초등 맞춤법 무작정 따라하기
The Cakewalk Series – Korean Spelling for Elementary School Students

초판 1쇄 인쇄 · 2023년 6월 30일
초판 1쇄 발행 · 2023년 7월 10일

지은이 · 박재찬
발행인 · 이종원
발행처 · 길벗스쿨
출판사 등록일 · 2006년 6월 16일
주소 · 서울시 마포구 월드컵로 10길 56(서교동)
대표 전화 · 02)332-0931 | 팩스 · 02) 338-0388
홈페이지 · www.gilbutschool.co.kr | 이메일 · gilbut@gilbut.co.kr

기획 및 책임편집 · 유현우(yhw5719@gilbut.co.kr) | **디자인** · 강은경 | **제작** · 이준호, 손일순, 이진혁, 김우식
영업마케팅 · 진창섭, 강요한 | **웹마케팅** · 지하영, 송예슬 | **영업관리** · 김명자, 심선숙, 정경화 | **독자지원** · 윤정아, 최희창

전산편집 · 기본기획 | **편집진행** · 주은영 | **일러스트** · 장효원 | **CTP 출력 및 인쇄** · 교보피앤비 | **제본** · 신정문화사

▶ 잘못된 책은 구입한 서점에서 바꿔 드립니다.
▶ 이 책은 저작권법에 따라 보호받는 저작물이므로 무단전재와 무단복제를 금합니다.
  이 책의 전부 또는 일부를 이용하려면 반드시 사전에 저작권자와 길벗스쿨의 서면 동의를 받아야 합니다.

ISBN 979-11-6406-550-9 (73700)
(길벗 도서번호 500010)

정가 15,000원

독자의 1초를 아껴주는 정성 길벗출판사

(주)도서출판 길벗(www.gilbut.co.kr) · IT교육서, IT단행본, 경제경영서, 어학&실용서, 인문교양서, 자녀교육서
길벗스쿨(www.gilbutschool.co.kr) · 국어학습서, 수학학습서, 어린이교양서, 어학학습서, 학습단행본

길벗스쿨 공식 카페 〈기적의 공부방〉 · cafe.naver.com/gilbutzigy
인스타그램 / 카카오플러스친구 · @gilbutschool

제품명 : 초등 맞춤법 무작정 따라하기	주소 : 서울시 마포구 월드컵로 10길 56 (서교동)
제조사명 : 길벗스쿨	제조년월 : 판권에 별도 표기
제조국명 : 대한민국	사용연령 : 8세 이상
전화번호 : 02-332-0931	KC마크는 이 제품이 공통안전기준에 적합하였음을 의미합니다.

머리말

"선생님, '할게요'가 맞아요? '할께요'가 맞아요?"
"선생님, '납짝하다'라고 쓰는 거 맞죠?"

선생님에게 맞춤법에 관한 질문을 하는 친구들이 정말 많습니다. 그만큼 맞춤법이 헷갈리거나 어렵다는 이야기겠죠? 여러분은 맞춤법에 자신이 있나요? 없나요? 맞춤법은 언제나 자신이 없고 어렵다고요? 너무 걱정하지 마세요. 사실 맞춤법은 어른들에게도 헷갈리고 어려운 것이니까요.

맞춤법이 어려운 이유는 무엇일까요? 책을 읽지 않아서? 글쓰기를 자주 하지 않아서? 물론 이 두 가지도 맞춤법을 어려워하는 이유가 될 수 있습니다. 하지만 맞춤법이 어려운 가장 큰 이유는 맞춤법 사용의 원칙을 따르지 않는 예외가 많기 때문입니다. 한글맞춤법의 원칙은 두 가지입니다. 첫 번째는 '소리대로 적는다.', 두 번째는 '어법에 맞게 적는다.'입니다. 한글맞춤법의 두 가지 원칙은 무척 쉽죠? 하지만 형태소의 본모습을 밝혀 적어야 해서 소리 나는 대로 써서는 안 되는 경우가 생깁니다. 분명히 [꼳따발], [꼰노리]로 소리 나는데 쓸 때는 '꽃다발', '꽃놀이'로 써야 하는 것처럼 말이죠.

《초등 맞춤법 무작정 따라하기》에는 초등학생들이 가장 헷갈리는 맞춤법만 담겨 있습니다. 소리 나는 대로 쓰면 틀리는 단어, 생김새는 비슷한데 의미가 달라 자주 틀리는 두 단어, 쓸 때마다 알쏭달쏭 헷갈리는 단어, 쓰면서도 긴가민가한 쌍받침·겹받침 단어, 발음은 같은데 그 뜻이 다른 세 개의 단어까지. 이 단어들은 모두 초등학교 교실에서 국어 수업, 글쓰기 수업을 할 때 초등학생들이 자주 착각했던 단어 중에서 가장 알쏭달쏭한 것들로 엄선한 것입니다.

이 책을 이용해서 매일 꾸준하게 따라 쓰고, 고쳐 써 보세요. 그러면 여러분도 모르는 새에 어색한 맞춤법을 쏙쏙 골라낼 수 있는 '맞춤법 전문가'가 되어 있을 것입니다. 아무쪼록 이 책이 여러분들의 맞춤법 실력과 문해력을 키우는 데 도움이 되길 바랍니다.

2023년 6월
저자 박재찬(달리쌤)

이 책의 구성

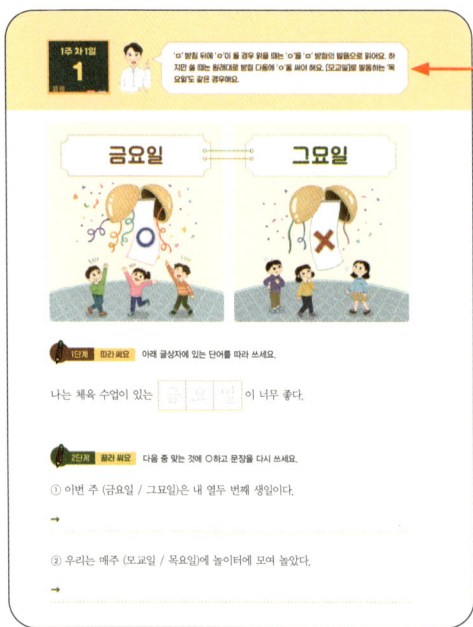

1. 선생님의 조언

본격적인 학습을 시작하기 전에 학습할 내용에 대한 선생님의 도움말을 먼저 읽어 보도록 하였어요. 선생님의 설명을 먼저 읽고, 학습을 시작하면 더 수월하게 학습할 수 있을 거예요.

2. 그림으로 이해하기

오늘 배울 맞춤법 사항에 대해 무엇이 맞고, 무엇이 틀리는지, 또한 간단한 대화를 통해 그 단어들이 어떤 상황에서 쓰는지 그림을 보며 이해하도록 하였어요.

이 책은 초등학생들이 꼭 알아야 할 120가지의 맞춤법 사항을 다양한 분류를 통해 제시하고 있어요. 초등학교 저학년뿐만 아니라 맞춤법에 취약한 고학년들도 유용하게 활용할 수 있어요.

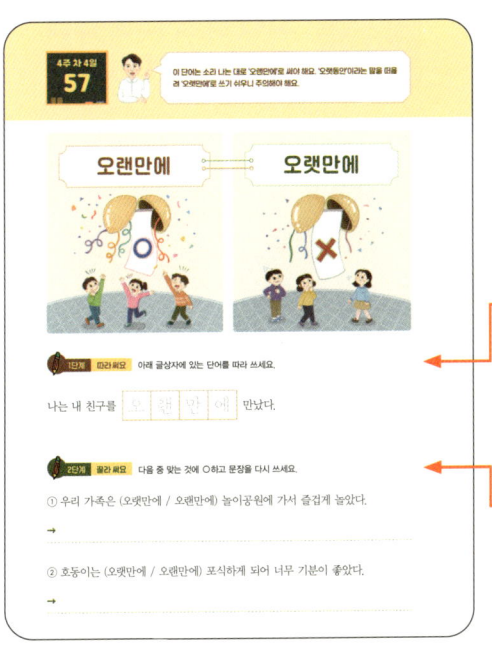

3. 연습하기

선생님의 조언과 그림을 보며 이해한 내용을 연습해 볼 차례예요. 크게 아래 2단계로 나눠서 맞춤법에 대해 충분한 연습을 할 수 있도록 하였어요.

1단계 따라 써요

우리의 감각 기관을 총동원하면 더욱 더 효율적인 학습을 할 수 있겠죠? 우선 정확한 맞춤법으로 따라 써 보는 훈련을 하도록 하였어요.

2단계 골라 써요

정확한 맞춤법으로 따라 쓴 다음에는 이제 약간 응용을 해 볼 차례예요. 문장 속에서 어울리는 단어를 고른 다음 정확한 맞춤법으로 고쳐 쓰는 연습을 하도록 하였어요.

확인 문제 풀기

지금까지 배운 내용을 얼마나 잘 이해했는지 다양한 문제를 풀며 테스트해 볼 차례예요. 공부만 하고 확인을 안 하면 뭔가 불안하지요? 여러분이 배운 내용을 잘 이해했는지 총 15개의 확인 문제 코너를 통해 확인할 수 있어요. 문제를 다 맞혔다면 곧바로 다음 장으로 넘어가도 되고요, 만약 틀린 문제가 있다면 무엇이 틀렸는지 다시 한 번 점검해 보세요.

차례

머리말 3
이 책의 구성 4
이 책은 이렇게 활용하세요! 10

1장 소리 나는 대로 쓰면 틀리는 단어 1

1 금요일 | 그묘일 12
2 높이 | 노피 13
3 몸이 | 모미 14
4 굳이 | 구지 15
5 똑같이 | 똑까치 16
6 할게요 | 할께요 17
7 국밥 | 국빱 18
8 꽃다발 | 꽃따발 19

확인 문제 1 20

2장 소리 나는 대로 쓰면 틀리는 단어 2

9 눈살 | 눈쌀 24
10 일찍이 | 일찌기 25
11 옛날 | 옌날 26
12 부엌 | 부억 27
13 앞쪽 | 압쪽 28
14 꽃 | 꼳 29
15 납작하다 | 납짝하다 30
16 흰색 | 힌색 31

확인 문제 2 32

3장 소리 나는 대로 쓰면 틀리는 단어 3

17 민주주의 | 민주주이 36
18 쏟아지다 | 쏘다지다 37
19 종로 | 종노 38
20 난로 | 날로 39
21 독립 | 동닙 40
22 수돗물 | 수돈물 41
23 맛있다 | 마싣따 42
24 대가 | 댓가 43

확인 문제 3 44

4장 의미가 다른 두 단어 1

- 25 가르치다 | 가리키다   48
- 26 다르다 | 틀리다   49
- 27 −던지 | −든지   50
- 28 적다 | 작다   51
- 29 잃어버리다 | 잊어버리다   52
- 30 부딪히다 | 부딪치다   53
- 31 개다 | 괴다   54
- 32 −로서 | −로써   55

확인 문제 4   56

5장 의미가 다른 두 단어 2

- 33 장이 | 쟁이   60
- 34 −에요 | −예요   61
- 35 반드시 | 반듯이   62
- 36 같다 | 갖다   63
- 37 묵다 | 묶다   64
- 38 부치다 | 붙이다   65
- 39 들리다 | 들르다   66
- 40 비치다 | 비추다   67

확인 문제 5   68

6장 의미가 다른 두 단어 3

- 41 체 | 채   72
- 42 되다 | 돼다   73
- 43 띄다 | 띠다   74
- 44 −데 | −대   75
- 45 아니오 | 아니요   76
- 46 걸음 | 거름   77
- 47 안치다 | 앉히다   78
- 48 어떡해 | 어떻게   79

확인 문제 6   80

7장 의미가 다른 두 단어 4

- 49 벌이다 | 벌리다   84
- 50 찼다 | 찾다   85
- 51 메다 | 매다   86
- 52 돋우다 | 돋구다   87
- 53 식히다 | 시키다   88
- 54 늘이다 | 늘리다   89
- 55 맞추다 | 맞히다   90
- 56 바라다 | 발하다   91

확인 문제 7   92

8장 알쏭달쏭! 헷갈리는 두 단어 1

- 57 오랜만에 | 오랫만에 ... 96
- 58 깨끗이 | 깨끗히 ... 97
- 59 일일이 | 일일히 ... 98
- 60 열심히 | 열심이 ... 99
- 61 역할 | 역활 ... 100
- 62 웃어른 | 윗어른 ... 101
- 63 –봬요 | –뵈요 ... 102
- 64 안 하다 | 않 하다 ... 103
- **확인 문제 8** ... 104

10장 알쏭달쏭! 헷갈리는 두 단어 3

- 73 내로라하다 | 내노라하다 ... 120
- 74 귀띔 | 귀띰 ... 121
- 75 꼭짓점 | 꼭지점 ... 122
- 76 찌개 | 찌게 ... 123
- 77 느지막하다 | 느즈막하다 ... 124
- 78 발자국 | 발자욱 ... 125
- 79 설렘 | 설레임 ... 126
- 80 통째로 | 통채로 ... 127
- **확인 문제 10** ... 128

9장 알쏭달쏭! 헷갈리는 두 단어 2

- 65 대물림 | 되물림 ... 108
- 66 서슴지 않다 | 서슴치 않다 ... 109
- 67 널따랗다 | 넙따랗다 ... 110
- 68 아지랑이 | 아지랭이 ... 111
- 69 여태껏 | 여지껏 ... 112
- 70 한 움큼 | 한 웅큼 ... 113
- 71 잠그다 | 잠구다 ... 114
- 72 귓불 | 귓볼 ... 115
- **확인 문제 9** ... 116

11장 알쏭달쏭! 헷갈리는 두 단어 4

- 81 주스 | 쥬스 ... 132
- 82 떡볶이 | 떡뽁이 ... 133
- 83 인사말 | 인삿말 ... 134
- 84 폭발 | 폭팔 ... 135
- 85 건드리다 | 건들이다 ... 136
- 86 움츠리다 | 움추리다 ... 137
- 87 빈털터리 | 빈털털이 ... 138
- 88 드러나다 | 들어나다 ... 139
- **확인 문제 11** ... 140

12장 알쏭달쏭! 헷갈리는 두 단어 5

- **89** 며칠 | 몇 일 — 144
- **90** 설거지 | 설겆이 — 145
- **91** 희한하다 | 희안하다 — 146
- **92** 안쓰럽다 | 안스럽다 — 147
- **93** 일부러 | 일부로 — 148
- **94** 구시렁거리다 | 궁시렁거리다 — 149
- **95** 널브러지다 | 널부러지다 — 150
- **96** 요새 | 요세 — 151
- **확인 문제 12** — 152

13장 알쏭달쏭! 헷갈리는 쌍받침·겹받침 1

- **97** 겪다 | 격다 — 156
- **98** 넋 | 넉 — 157
- **99** 끼었다 | 끼언다 — 158
- **100** 끊다 | 끈다 — 159
- **101** 귀찮다 | 귀찬다 — 160
- **102** 굵다 | 국다 — 161
- **103** 핥다 | 핱다 — 162
- **104** 읊다 | 읍다 — 163
- **확인 문제 13** — 164

14장 알쏭달쏭! 헷갈리는 쌍받침·겹받침 2

- **105** 굶다 | 굼다 — 168
- **106** 값 | 갑 — 169
- **107** 밟다 | 밥다 — 170
- **108** 잃다 | 일다 — 171
- **109** 샀다 | 삿다 — 172
- **110** 앉다 | 안다 — 173
- **111** 낚시 | 낙시 — 174
- **112** 짧다 | 짤따 — 175
- **확인 문제 14** — 176

15장 발음이 같지만 의미가 다른 세 단어

- **113** 빗 | 빚 | 빛 — 180
- **114** 낫 | 낮 | 낯 — 182
- **115** 낫다 | 났다 | 낮다 — 184
- **116** 갖다 | 갔다 | 같다 — 186
- **117** 있다 | 잊다 | 잇다 — 188
- **118** 다치다 | 닫히다 | 닫치다 — 190
- **119** 짓다 | 짖다 | 짙다 — 192
- **120** 엎다 | 업다 | 없다 — 194
- **확인 문제 15** — 196

정답 — 199

이 책은 이렇게 활용하세요!

《초등 맞춤법 무작정 따라하기》는 초등학생들이 자주 틀리는 맞춤법, 자주 헷갈리는 맞춤법 단어들을 상황을 설명해 주는 그림과 함께 담아 놓은 책입니다. 이 책에서는 올바른 맞춤법과 잘못된 맞춤법을 구분해보기도, 잘못된 맞춤법이 들어간 문장을 직접 고쳐 써 보는 글쓰기를 하기도 합니다. 일종의 '맞춤법 + 글쓰기 훈련' 교재인 셈이죠. 아래의 가이드를 활용하여 맞춤법을 익히면서 글쓰기 실력도 함께 키워 보세요.

1. 맞춤법 공부는 자주 틀리는 것에서부터 시작해야 해요.

세상에 있는 모든 맞춤법을 다 알고 있으면 좋겠죠? 하지만 헷갈리는 맞춤법은 우리가 생각하는 것보다 많답니다. 모든 걸 다 알려고 하기보다는 자주 틀리는 것부터 확실하게 알고 넘어간다고 생각하세요. 기본적인 내용을 확실히 알게 되면 다음에 헷갈리는 맞춤법을 만났을 때도 내가 알고 있는 원칙을 응용해서 맞춤법에 맞는 단어를 쓸 수 있을 거예요.

2. 하루에 4과씩 규칙적으로 공부해 보세요.

이 책은 하루에 4과씩 30일 동안 공부할 수 있는 120과의 내용으로 구성되어 있어요. 하루 4과는 2장 정도 되는 많지 않은 분량이에요. 마음만 먹으면 하루에 8과, 12과도 할 수 있을 것 같다고요? 그런데 그렇게 공부하지 말고, 여유 있게 하루에 4과씩만 공부해 보세요.

3. 맞춤법을 익힌 다음, 그날 직접 사용해 보세요.

맞춤법이 어려운 이유는 배운 다음에 잘 사용하지 않기 때문이에요. 맞춤법이 쉬워지려면 그날 익힌 맞춤법을 그날 사용하는 거예요. 글을 쓸 때나 말을 할 때도 사용하고, 맞춤법을 이용해 문제를 만들어 가족, 친구들에게 퀴즈를 내보는 것이죠. 이렇게 공부하다 보면 생소했던 맞춤법이 어느새 익숙한 맞춤법으로 변하게 되는 신기한 일을 경험하게 될 거예요.

4. 선생님의 도움말 부분은 참고만 해주세요.

그날 배우게 되는 맞춤법 단어의 위에는 선생님의 도움말 부분이 있어요. 이 부분은 맞춤법과 관련된 문법 내용을 여러분들에게 조금 더 자세하게 설명해 주기 위해 만든 공간이에요. 그런데 문법 내용을 설명하다 보니, 조금 어려울 수도 있어요. 그래서 선생님의 도움말을 읽은 다음 '어? 너무 복잡하고 어려운 규칙인 거 같은데….'라는 생각이 들 수도 있어요. 그래도 너무 걱정하지 마세요. 이 부분은 나중에 중학생이 되면 자연스럽게 알게 될 내용이니 부담 갖지 말고 읽고 넘겨도 괜찮아요.

1장
소리 나는 대로 쓰면 틀리는 단어 1

1 금요일 | 그묘일
2 높이 | 노피
3 몸이 | 모미
4 굳이 | 구지
5 똑같이 | 똑까치
6 할게요 | 할께요
7 국밥 | 국빱
8 꽃다발 | 꽃따발

'ㅁ' 받침 뒤에 'ㅇ'이 올 경우 읽을 때는 'ㅇ'을 'ㅁ' 받침의 발음으로 읽어요. 하지만 쓸 때는 원래대로 받침 다음에 'ㅇ'을 써야 해요. [모교일]로 발음하는 '목요일'도 같은 경우예요.

 **1단계 따라써요** 아래 글상자에 있는 단어를 따라 쓰세요.

나는 체육 수업이 있는 　금　요　일　이 너무 좋다.

 2단계 골라 써요 다음 중 맞는 것에 ○하고 문장을 다시 쓰세요.

① 이번 주 (금요일 / 그묘일)은 내 열두 번째 생일이다.

→ --

② 우리는 매주 (모교일 / 목요일)에 놀이터에 모여 놀았다.

→ --

'ㅍ' 받침 뒤에 'ㅇ'이 올 경우 읽을 때는 'ㅇ'을 'ㅍ' 받침의 발음으로 읽어요. 하지만 쓸 때는 원래대로 받침 다음에 'ㅇ'을 써야 해요. [기피]로 발음하는 '깊이'도 같은 경우예요.

1단계 따라 써요   아래 글상자에 있는 단어를 따라 쓰세요.

비행기가 하늘  날고 있다.

2단계 골라 써요   다음 중 맞는 것에 ○하고 문장을 다시 쓰세요.

① 오늘 체육 수업 때 정현이가 제일 (노피 / 높이) 뛰었다.

→

② 나는 가방 속 (깊이 / 기피) 필통을 넣었다.

→

1주 차 1일 3

'몸이'처럼 '명사 + 조사'인 경우에도 'ㅁ' 받침 뒤에 'ㅇ'이 왔으므로 'ㅇ'을 'ㅁ' 받침의 발음으로 읽어요. [자미]로 발음하는 '잠이', [구기]로 발음하는 '국이'도 같은 경우예요.

 아래 글상자에 있는 단어를 따라 쓰세요.

민철이는  정말 날씬하다.

 다음 중 맞는 것에 ○하고 문장을 다시 쓰세요.

① 은주는 (몸이 / 모미) 아파서 오늘 학교에 나오지 못했다.

→

② 나는 요즘 (잠이 / 자미) 모자라서 피곤하다.

→

'ㄷ' 받침의 끝소리가 모음 'ㅣ'를 만나 'ㅈ'으로 소리 나는 걸 '구개음화'라고 해요. 그래서 '굳이'를 [구지]로 발음하지요. 하지만 쓸 때는 'ㄷ' 받침을 그대로 붙여 써줘야 해요. [미다지]로 발음하는 '미닫이'도 같은 경우예요.

굳이

구지

 **1단계 따라 써요** 아래 글상자에 있는 단어를 따라 쓰세요.

내가 조금 더 자겠다는데도 엄마는  날 침대에서 일으켜 세웠다.

 **2단계 골라 써요** 다음 중 맞는 것에 ◯하고 문장을 다시 쓰세요.

① 그녀는 (구지 / 굳이) 그곳에 가려고 했다.

→

② 승윤이는 (미닫이 / 미다지) 문을 닫았다.

→

1주 차 2일 5

'ㅌ' 받침의 끝소리가 모음 'ㅣ'를 만나 'ㅊ'으로 소리 나는 걸 '구개음화'라고 해요. 그래서 '똑같이'를 [똑까치]로 발음하지요. 하지만 쓸 때는 'ㅌ' 받침을 그대로 붙여 써줘야 해요. '샅샅이'도 같은 경우예요.

똑같이 — 똑까치

1단계 따라 써요 아래 글상자에 있는 단어를 따라 쓰세요.

어떤 음식이든 사이좋게 | 똑 | 같 | 이 | 나눠 먹어야 한다.

2단계 골라 써요 다음 중 맞는 것에 ○하고 문장을 다시 쓰세요.

① 우리 자매는 마치 쌍둥이처럼 (똑까치 / 똑같이) 생겼다.

→ _____

② 교과서를 (샅싸치 / 샅샅이) 읽어보면 정답을 찾을 수 있다.

→ _____

1주 차 2일 6

'ㄹ' 받침 뒤에 오는 'ㄱ, ㄷ, ㅂ, ㅅ, ㅈ'은 된소리로 발음해요. '할게요'는 'ㄹ' 뒤에 오는 'ㄱ'이 된소리로 발음되어 [할께요]로 소리 나요. '가볼걸'도 같은 경우예요. '된소리'란 강하게 발음되는 소리로, 'ㄲ, ㄸ, ㅃ, ㅆ, ㅉ' 등이 있어요.

1단계 따라 써요 아래 글상자에 있는 단어를 따라 쓰세요.

민준이는 "이제부터는 제가 알아서 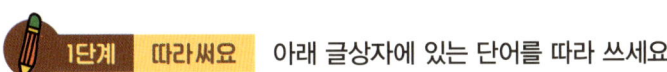."라고 말했다.

2단계 골라 써요 다음 중 맞는 것에 ○하고 문장을 다시 쓰세요.

① 소진이는 "선생님! 칠판 닦는 건 제가 (할께요 / 할게요)."라고 외쳤다.

→

② 그 식당의 음식이 너무 맛있었는데 진작 (가볼걸 / 가볼껄) 그랬다.

→

1주 차 2일 7

받침 'ㄱ, ㄲ, ㅋ' 뒤에 오는 'ㄱ, ㄷ, ㅂ, ㅅ, ㅈ'은 된소리로 발음해요. '국밥'은 'ㄱ' 뒤에 오는 'ㅂ'이 된소리로 발음되어 [국빱]으로 소리 나죠. '약국'도 같은 경우예요.

1단계 따라 써요 아래 글상자에 있는 단어를 따라 쓰세요.

 을 맛있게 먹는 방법은 뜨거울 때 바로 먹는 것이다.

2단계 골라 써요 다음 중 맞는 것에 ○하고 문장을 다시 쓰세요.

① 우리 가족은 (국빱 / 국밥)을 좋아해서 자주 먹는다.

→

② 나는 출발하기 전에 (약국 / 약꾹)에 들러 멀미약을 샀다.

→

받침 'ㄷ, ㅅ, ㅈ, ㅊ, ㅌ' 뒤에 오는 'ㄱ, ㄷ, ㅂ, ㅅ, ㅈ'은 된소리로 발음해요. '꽃다발'은 'ㅊ' 뒤에 오는 'ㄷ'이 된소리로 발음되어 [꼳따발]로 소리 나죠. '옷고름'이나 '꽂고' 등도 같은 경우예요.

 아래 글상자에 있는 단어를 따라 쓰세요.

나는 언니의 졸업식 날에 언니에게 | 꽃 | 다 | 발 | 을 주었다.

 다음 중 맞는 것에 ○하고 문장을 다시 쓰세요.

① 아버지는 어머니의 생신 때마다 (꽃따발 / 꽃다발)을 사 오신다.

→

② 소녀는 부끄러워 (옷고름 / 옷꼬름)만 만지작거렸다.

→

1주 차 3일 확인 문제 1

1~4 괄호 안에서 맞춤법이 올바르게 쓰인 단어를 골라 ○하세요.

1. 오늘 숙제는 집에 가서 (할게요 / 할께요).

2. 풍선이 하늘 (높이 / 노피) 날아가고 있다.

3. 그 수상자는 상패와 (꽃따발 / 꽃다발)을 받았다.

4. 그는 오늘 점심에 콩나물(국밥 / 국빱)을 먹었다.

5~8 아래 단어들을 지시대로 바꿔 쓰세요.

읽을 때	쓸 때
5. 그묘일	☐☐☐
6. 모미	☐☐
7. 똑까치	☐☐☐
8. 구지	☐☐

9~12 아래 문장에서 밑줄 친 부분을 맞춤법에 맞게 바르게 고쳐 쓰세요.

9. 너무 추워서 <u>모미</u> 부들부들 떨린다. → _____

10. 우리 반 친구들은 학교에 <u>똑까치</u> 도착했다. → _____

11. 월요일부터 <u>그묘일</u> 중에 어떤 요일이 좋아? → _____

12. 소희는 "다음부터는 열심히 <u>할께요.</u>"라고 말했다. → _____

13~16 해당하는 단어의 뜻을 추측하여 빈칸에 알맞은 단어를 써 넣으세요.

13. 그녀는 _____ 그곳에 가려고 했다.
    단단한 마음으로 굳게

14. 오늘은 색종이로 _____ 을 만들어 보겠습니다.
    꽃으로 만든 다발

15. 아빠가 가장 좋아하시는 음식은 소고기 _____ 입니다.
    끓인 국에 밥을 만 음식

16. 누가 더 _____ 던질 수 있는지 시합해 볼까?
    아래에서 위까지의 길이가 길게

확인 문제 1   21

17~20 다음 빈칸에 알맞은 단어를 〈보기〉에서 골라 쓰세요.

| 보기 | ⑰ 워료일/월요일 | ⑱ 국이/구기 | ⑲ 마지/맏이 | ⑳ 꽃따발/꽃다발 |

⑰ 박물관은 ☐☐☐ 마다 문을 닫는다.

⑱ 내 동생은 언제나 ☐☐ 있어야 밥을 먹는다.

⑲ 우리 형은 우리 집안의 ☐☐ 다.

⑳ 민지는 ☐☐☐ 을 받고 너무 기뻐했다.

21~24 다음 중 맞춤법에 맞게 고친 것에 ○, 틀리게 고친 것에 ✕하세요.

㉑ 국빱 → 국밥   (   )

㉒ 노피 → 높피   (   )

㉓ 똑까치 → 똑갖이   (   )

㉔ 할께요 → 할게요   (   )

2장

소리 나는 대로 쓰면 틀리는 단어 2

9 눈살 | 눈쌀
10 일찍이 | 일찌기
11 옛날 | 옌날
12 부엌 | 부억
13 앞쪽 | 압쪽
14 꽃 | 꼳
15 납작하다 | 납짝하다
16 흰색 | 힌색

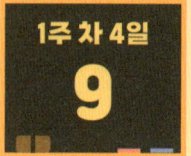 

받침 'ㄴ' 뒤에 오는 'ㄱ, ㄷ, ㅂ, ㅅ, ㅈ'은 된소리로 발음해요. '눈살'은 'ㄴ' 뒤에 오는 'ㅅ'이 된소리로 발음되어 [눈쌀]로 소리 나요. '손등', '문자' 등도 같은 경우예요.

1단계 따라 써요 아래 글상자에 있는 단어를 따라 쓰세요.

그의 시끄러운 통화 소리에 사람들은 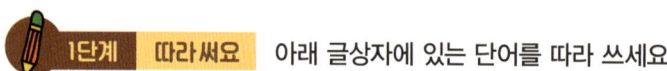 을 찌푸렸다.

2단계 골라 써요 다음 중 맞는 것에 ○하고 문장을 다시 쓰세요.

① 선생님께서는 어질러진 교실을 보고 (눈쌀 / 눈살)을 찌푸리셨다.

→

② 나는 친구들과 (문자 / 문짜)로 연락하는 것을 좋아한다.

→

'일찍이'는 '일찍'이라는 단어에 접미사 '-이'가 붙여진 단어예요. '일찌기'라는 단어는 없으며 틀린 단어예요. '더욱이', '깊숙이'에도 '일찍이'와 같은 규칙이 적용되었어요.

1단계 따라써요 아래 글상자에 있는 단어를 따라 쓰세요.

소년은 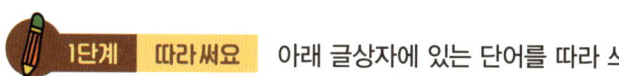 부모님을 여의고, 고모네 집에서 살았다.

2단계 골라 써요 다음 중 맞는 것에 ○하고 문장을 다시 쓰세요.

① 지원이는 내가 (일찌기 / 일찍이) 몰랐던 이야기를 들려주었다.

→ _____

② 그 배우는 잘생긴 데다 (더욱이 / 더우기) 예의도 바르다.

→ _____

받침 'ㄱ(ㄲ, ㅋ, ㄳ, ㄺ), ㄷ(ㅅ, ㅆ, ㅈ, ㅊ, ㅌ, ㅎ), ㅂ(ㅍ, ㄼ, ㄿ, ㅄ)'은 'ㄴ, ㅁ' 앞에서 [ㅇ, ㄴ, ㅁ]으로 발음돼요. 그래서 '옛날'의 경우 '옛'의 'ㅅ'이 'ㄴ'의 소리로 바뀌어 [옌날]로 소리 나요. '냇물'도 같은 경우예요.

 **1단계 따라 써요** 아래 글상자에 있는 단어를 따라 쓰세요.

아주 먼 | 옛 | 날 | 마음씨 착한 콩쥐가 살았다.

 **2단계 골라 써요** 다음 중 맞는 것에 ○하고 문장을 다시 쓰세요.

① 나는 할머니가 해주시는 (옌날 / 옛날) 이야기를 좋아한다.

→ ------

② 민찬이가 던진 공이 (낸물 / 냇물)에 떨어져 버렸다.

→ ------

음절의 끝에 'ㄱ, ㄴ, ㄷ, ㄹ, ㅁ, ㅂ, ㅇ' 외에 다른 자음이 오면 이 중의 하나로 바뀌어 소리 나는데 이것을 '음절의 끝소리 규칙'이라고 해요. 그래서 '부엌'의 경우 '엌'의 'ㅋ'이 'ㄱ'의 소리로 바뀌어 [부억]으로 소리 나요. '새벽녘'도 같은 경우예요.

부엌

부억

 **1단계 따라써요** 아래 글상자에 있는 단어를 따라 쓰세요.

나는 | 부 | 엌 | 에서 저녁을 준비하고, 오빠는 거실을 정리했다.

 **2단계 골라써요** 다음 중 맞는 것에 ○하고 문장을 다시 쓰세요.

① 미수가 (부억 / 부엌)에 가서 큰 접시를 가지고 왔다.

→

② '날이 밝아 올 즈음'을 (새벽녁 / 새벽녘)이라고 한다.

→

1주 차 5일 13

음절의 끝에 'ㄱ, ㄴ, ㄷ, ㄹ, ㅁ, ㅂ, ㅇ' 외에 다른 자음이 오면 이 중의 하나로 바뀌어 소리 나는 것을 '음절의 끝소리 규칙'이라고 해요. 그래서 '앞쪽'의 경우 '앞'의 'ㅍ'이 'ㅂ'의 소리로 바뀌어 [압쪽]으로 소리 나요. '무릎'도 같은 경우예요.

앞쪽 ○─○ 압쪽

 **1단계 따라 써요** 아래 글상자에 있는 단어를 따라 쓰세요.

커다란 상자의 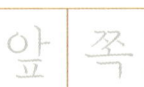 에는 먹음직스러운 사과 그림이 그려 있었다.

 2단계 골라 써요 다음 중 맞는 것에 ○하고 문장을 다시 쓰세요.

① 미소는 계속해서 (앞쪽 / 압쪽)만 보고 있다.

→ _____

② 체육 시간에 세게 달린 뒤로 (무릎 / 무릅)이 아프다.

→ _____

음절의 끝에 'ㄱ, ㄴ, ㄷ, ㄹ, ㅁ, ㅂ, ㅇ' 외에 다른 자음이 오면 이 중의 하나로 바뀌어 소리 나는 것을 '음절의 끝소리 규칙'이라고 해요. 그래서 '꽃'의 경우 'ㅊ'이 'ㄷ'의 소리로 바뀌어 [꼳]으로 소리 나요. '숯'도 같은 경우예요.

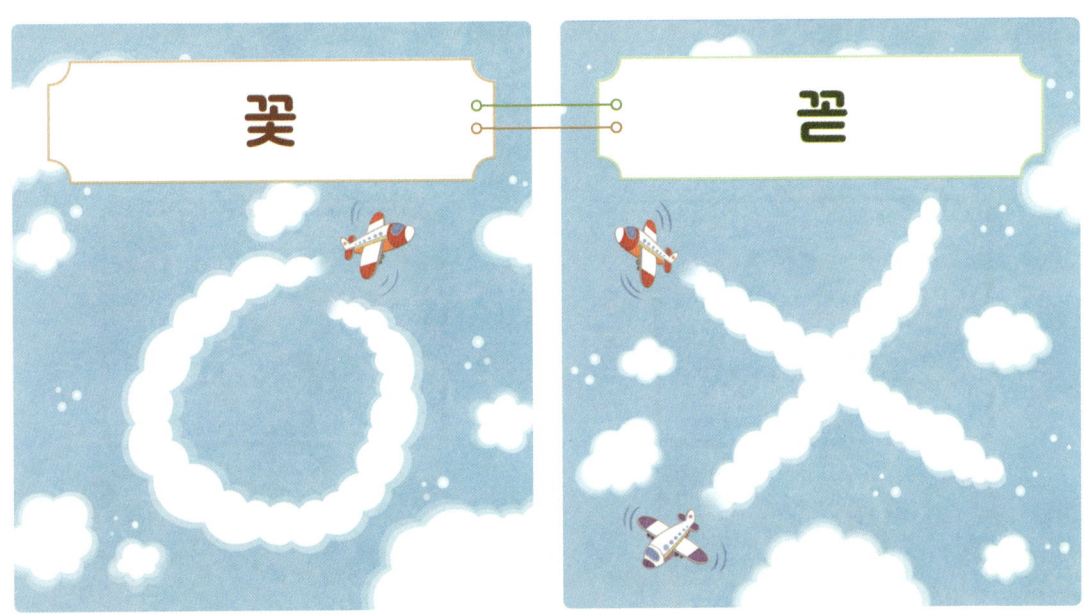

꽃   꼳

 **1단계 따라 써요**   아래 글상자에 있는 단어를 따라 쓰세요.

나비 한 마리가 위에 앉아 있다.

 **2단계 골라 써요**   다음 중 맞는 것에 ○하고 문장을 다시 쓰세요.

① 선영이는 미술 시간에 (꼳 / 꽃) 그림을 그렸다.

→ _____

② 캠핑장에 갈 때는 (숟 / 숯)을 챙겨가는 것이 좋다.

→ _____

1주 차 5일 15

'납작'처럼 'ㅂ' 받침 뒤에서 [납짝]으로 된소리가 나도, 쓸 때는 된소리로 쓰지 않고 '납작'으로 써야 해요. 물론 예외도 있어요. '쓸쓸하다'의 'ㅆ', '짭짤하다'의 'ㅉ'처럼 비슷한 음절이 겹칠 때는 된소리로 써요.

납작하다 ⭕ / 납짝하다 ❌

 **1단계 따라 써요** 아래 글상자에 있는 단어를 따라 쓰세요.

나는 뒤통수가 | 납 | 작 | 하 | 다 | .

 **2단계 골라 써요** 다음 중 맞는 것에 ◯하고 문장을 다시 쓰세요.

① 할머니께서 (납짝한 / 납작한) 그릇에 떡을 담아 주셨다.

→ _____

② 나는 간장게장의 (짭짤한 / 짭잘한) 맛을 좋아한다.

→ _____

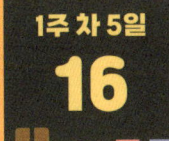 

'ㅢ'가 첫소리로 나올 때는 [ㅣ]로 발음해요. [히색], [히망], [띠어쓰기]처럼요. 하지만 쓸 때는 'ㅢ'로 써야 해서 '흰색', '희망', '띄어쓰기'로 써요. 예외적으로 '의사'는 첫음절에 'ㅢ'가 왔지만 [ㅣ]가 아니라 [ㅢ]로 발음해야 해요.

| 흰색 | 힌색 |

1단계 따라 써요 아래 글상자에 있는 단어를 따라 쓰세요.

검은색 물감과 | 흰 | 색 | 물감을 섞으면 회색이 된다.

2단계 골라 써요 다음 중 맞는 것에 ○하고 문장을 다시 쓰세요.

① 동생의 새로 산 (흰색 / 힌색) 티셔츠가 정말 예쁘다.

→

② 준서의 장래 (희망 / 히망)은 우주비행사가 되는 것이다.

→

1주차 6일 확인 문제 2

1~4 괄호 안에서 맞춤법이 올바르게 쓰인 단어를 골라 ○하세요.

① 우리 아빠는 (일찍이 / 일찌기) 출근하신다.

② 자전거 (앞쪽 / 압쪽) 바퀴에 구멍이 났다.

③ 벌 한 마리가 (꼳 / 꽃) 위에 내려앉았다.

④ 나는 (힌색 / 흰색) 티셔츠를 자주 입는다.

5~8 아래 단어들을 지시대로 바꿔 쓰세요.

읽을 때	쓸 때
⑤ 눈쌀	
⑥ 납짝하다	
⑦ 옌날	
⑧ 부억	

9~12 아래 문장에서 밑줄 친 부분을 맞춤법에 맞게 바르게 고쳐 쓰세요.

⑨ 우리는 교실 압쪽에서 춤을 췄다. → _____

⑩ 오늘은 놀이터에서 놀지 않고 일찌기 집에 들어왔다. → _____

⑪ 아빠가 부억에서 요리하신다. → _____

⑫ 지원이는 납짝한 그릇에 꿀떡을 가져왔다. → _____

13~16 해당하는 단어의 뜻을 추측하여 빈칸에 알맞은 단어를 써 넣으세요.

⑬ _____ 도화지에 구름을 하나 그렸다.
   눈처럼 밝은색

⑭ 생일 선물로 _____ 을 선물 받았다.
   식물의 가지나 줄기 끝에 피어나는 부분

⑮ 이 이야기는 _____ 부터 전해 내려온 이야기다.
   지난 지 아주 오래된 날

⑯ 그는 전화 통화를 하며 _____ 을 찌푸렸다.
   눈썹 사이에 잡히는 주름

17~20 다음 빈칸에 알맞은 단어를 〈보기〉에서 골라 쓰세요.

| 보기 | ⓱ 부엌/부억 | ⓲ 일찌기/일찍이 | ⓳ 꽃/꼳 | ⓴ 힌색/흰색 |

⓱ ☐☐ 에서 생선 굽는 냄새가 난다.

⓲ 미혜가 이렇게 웃는 모습을 ☐☐☐ 본 적이 없다.

⓳ 우리 학교 텃밭에 여러 종류의 ☐ 을 심었다.

⓴ 파란색 물감에 ☐☐ 물감을 섞어 하늘색을 만들었다.

21~24 다음 중 맞춤법에 맞게 고친 것에 ○, 틀리게 고친 것에 ✕하세요.

㉑ 눈쌀 → 눈살 ( )

㉒ 납짝하다 → 납작하다 ( )

㉓ 옌날 → 옏날 ( )

㉔ 압쪽 → 앞쪽 ( )

34 소리 나는 대로 쓰면 틀리는 단어 2

3장

소리 나는 대로 쓰면 틀리는 단어 3

17 민주주의 | 민주주이
18 쏟아지다 | 쏘다지다
19 종로 | 종노
20 난로 | 날로
21 독립 | 동닙
22 수돗물 | 수돈물
23 맛있다 | 마싣따
24 대가 | 댓가

2주 차 1일 17

단어 끝에 오는 모음 'ㅢ'는 [ㅢ]나 [ㅣ]로 발음해요. 그래서 '민주주의'는 [민주주의], [민주주이]로 발음해요. 하지만 [ㅣ]로 소리 나도 쓸 때는 'ㅢ'로 써야 해요. '이의'도 같은 경우예요.

1단계 따라 써요 아래 글상자에 있는 단어를 따라 쓰세요.

그는 민주주의 를 위해 평생을 바쳤다.

2단계 골라 써요 다음 중 맞는 것에 ○하고 문장을 다시 쓰세요.

① (민주주이 / 민주주의) 사회에서는 소수의 의견도 존중해 주어야 한다.

→ _____

② 나는 성찬이의 의견에 (이의 / 이이)를 제기했다.

→ _____

'쏟아지다'는 '쏟'의 받침 'ㄷ'이 뒤로 넘어가면서 [쏘다지다]로 소리 나요. 하지만 쓸 때는 '쏟아지다'라고 써야 해요. '믿어주다'도 같은 경우예요.

1단계 따라 써요 아래 글상자에 있는 단어를 따라 쓰세요.

선생님의 설명이 끝나자 친구들의 질문이 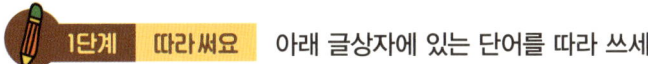.

2단계 골라 써요 다음 중 맞는 것에 ○하고 문장을 다시 쓰세요.

① 영화가 끝나자 미라는 참았던 눈물이 (쏟아졌다 / 쏘다졌다).

→

② 나는 친구에게 내 말을 한 번만 (믿어 / 미더) 달라고 말했다.

→

2주 차 1일 19

앞의 받침이 뒤의 자음과 만날 때 서로 닮아 소리가 변하는 걸 '자음동화'라고 해요. '종로'를 [종노]로 발음하는 것은 뒤에 있는 자음이 다른 자음으로 바뀌어 소리 나는 '순행동화'예요. '칼날'이 [칼랄]로, '대통령'이 [대통녕]으로 소리 나는 것도 순행동화의 사례예요.

1단계 따라써요 아래 글상자에 있는 단어를 따라 쓰세요.

상미는 주말에  에 있는 창경궁에 다녀왔다.

2단계 골라 써요 다음 중 맞는 것에 ○하고 문장을 다시 쓰세요.

① '(종로 / 종노)에서 뺨 맞고 한강에서 눈 흘긴다.'라는 속담이 있다.

→

② 오늘 저녁 겨울바람은 (칼날 / 칼랄)처럼 날카롭다.

→

'난로'를 [날로]로 발음하는 것도 자음동화의 사례예요. 이 경우는 앞에 있는 자음이 다른 자음으로 바뀌어 소리 나는 '역행동화'예요. '국물'이 [궁물]로, '신라'가 [실라]로 소리 나는 것도 역행동화의 사례예요.

난로

날로

 **1단계 따라 써요** 아래 글상자에 있는 단어를 따라 쓰세요.

몸이 꽁꽁 얼어 있던 우리는 재빨리 　난　로　 옆으로 갔다.

 2단계 골라 써요 다음 중 맞는 것에 ○하고 문장을 다시 쓰세요.

① (날로 / 난로) 위 주전자 속에 따뜻한 보리차가 있다.

→

② 불국사는 (실라 / 신라) 시대 때 만들어졌다고 한다.

→

2주 차 2일 21

'독립'을 [동닙]으로 발음하는 것도 자음동화의 사례예요. 이 경우는 앞에 있는 자음과 뒤에 있는 자음 모두가 바뀌어 소리 나는 '상호동화'예요. '국립'이 [궁닙]으로, '백로'가 [뱅노]로 소리 나는 것도 상호동화의 사례예요.

독립 — 동닙

 **1단계 따라 써요** 아래 글상자에 있는 단어를 따라 쓰세요.

안창호 선생님은 조국의 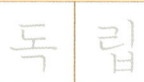 을 보지 못하고 돌아가셨다.

 2단계 골라 써요 다음 중 맞는 것에 ○하고 문장을 다시 쓰세요.

① 안중근은 우리나라의 훌륭한 (동닙 / 독립)운동가 중 한 사람이다.

→ _____

② 이 길을 따라 조금만 더 가면 (국립 / 궁닙) 박물관이 나온다.

→ _____

'수돗물'은 [수돈물]로 발음되어 '수돈물'이라고 틀리게 쓰는 경우가 많아요. 소리만 'ㄴ' 소리로 날 뿐 쓸 때는 'ㅅ'을 사용해야 해요. '빗물'이 [빈물]로, '나뭇잎'이 [나문닙]으로, '냇물'이 [낸물]로 소리 나는 것도 같은 경우예요.

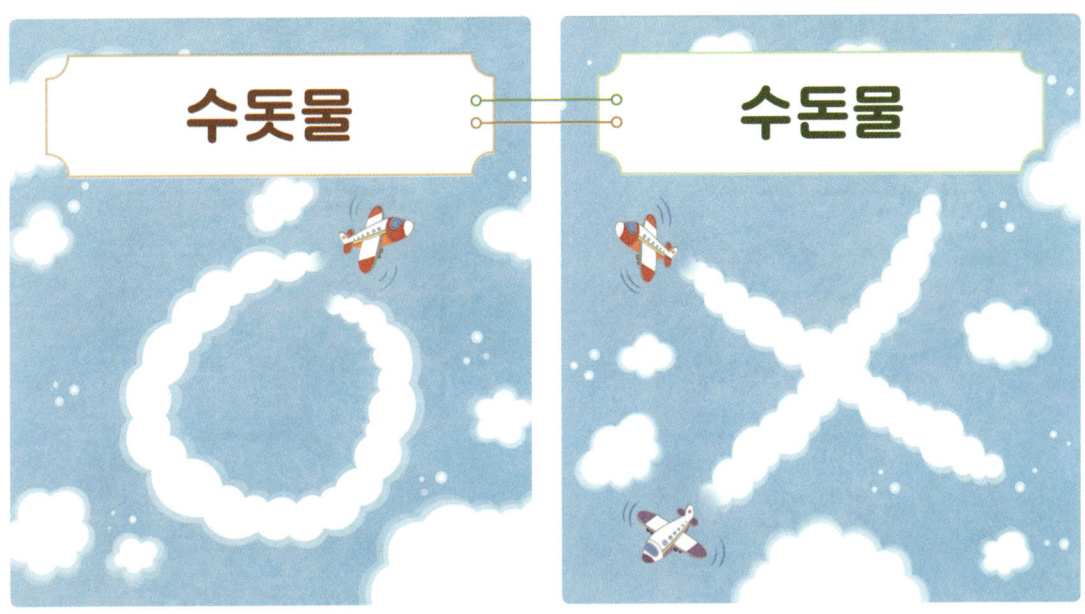

1단계 따라 써요 아래 글상자에 있는 단어를 따라 쓰세요.

어제부터 우리 집 | 수 | 돗 | 물 | 이 잘 안 나오고 있다.

2단계 골라 써요 다음 중 맞는 것에 ○하고 문장을 다시 쓰세요.

① 수도꼭지에서 (수돗물 / 수돈물)이 콸콸 나오고 있다.

→

② 우리는 잠시 (냇물 / 낸물)에 발을 담갔다.

→

'맛있다'의 표준 발음은 [마딛따]예요. 그런데 흔히 [마싣따]로 발음하는 경우가 많아 이것도 허용해 주고 있죠. 음절의 끝소리 규칙에 의해 받침 'ㅅ'이 'ㄷ'으로 소리 난다는 걸 기억하세요. '멋있다'도 [머딛따]나 [머싣따]로 발음해요.

 **1단계 따라 써요** 아래 글상자에 있는 단어를 따라 쓰세요.

엄마가 만들어 주시는 음식은 언제나 맛 있 다 .

 2단계 골라 써요 다음 중 맞는 것에 ○하고 문장을 다시 쓰세요.

① 이렇게 (마딛는 / 맛있는) 음식은 처음 먹어 본다.

→

② 혜영이가 새로 산 신발은 정말 (멋있다 / 머싣따).

→

'대가'는 '일하고 받는 돈이나 물건값'을 말해요. 하지만 '사이시옷(ㅅ)'을 넣어 '댓가'라고 잘못 쓰는 경우가 많아요. 그런데 '숫자, 횟수, 곳간, 셋방, 찻간' 등을 제외한 한자 단어에는 '사이시옷(ㅅ)'을 넣지 않는 게 표준어의 규칙이에요.

 아래 글상자에 있는 단어를 따라 쓰세요.

사람은 언제나 열심히 노력한 　대　가　 를 받고 싶어 한다.

 다음 중 맞는 것에 ○하고 문장을 다시 쓰세요.

① 누나가 내 숙제를 대신 해 준 (댓가 / 대가)로 내 초콜릿을 모두 줬다.

→

② 이 사진은 (촛점 / 초점)이 잘 안 맞은 것 같다.

→

2주 차 3일 | 확인 문제 3

1~4 괄호 안에서 맞춤법이 올바르게 쓰인 단어를 골라 ○하세요.

1. (민주주의 / 민주주이)의 기본은 인간을 존중하는 마음이다.

2. 우리는 (종로 / 종노)에 있는 카페에서 만났다.

3. 그는 자신이 일한 (대가 / 댓가)를 충분히 받지 못했다고 생각한다.

4. 터진 수도관에서 (수돈물 / 수돗물)이 쏟아져 나왔다.

5~8 아래 단어들을 지시대로 바꿔 쓰세요.

읽을 때	쓸 때
5. 쏘다지다	
6. 마신따	
7. 동닙	
8. 날로	

9~12 아래 문장에서 밑줄 친 부분을 맞춤법에 맞게 바르게 고쳐 쓰세요.

9. 우리 부모님은 <u>종노</u>에서 헌책방을 운영하셨다. →

10. 나는 너무 슬퍼서 눈물이 펑펑 <u>쏘다졌다</u>. →

11. 이 식당은 김치가 특별히 <u>마싣따</u>. →

12. 우리는 친구를 도운 <u>댓가</u>로 간식을 받았다. →

13~16 해당하는 단어의 뜻을 추측하여 빈칸에 알맞은 단어를 써 넣으세요.

13. 우리는 _____ 에 손을 녹이며 이야기했다.
    방 안의 온도를 올리는 난방 장치

14. _____ 에서는 국민의 자유를 보장한다.
    국민이 가진 권력을 행사하는 제도

15. 더운 여름에는 _____ 소비량이 증가한다.
    상수도에서 나오는 물

16. 큰형은 결혼 후에 집에서 _____ 해 나갔다.
    다른 것에 의존하지 않고 존재함

17~20 다음 빈칸에 알맞은 단어를 〈보기〉에서 골라 쓰세요.

> **보기**
> ⑰ 쏘다졌다/쏟아졌다   ⑱ 수돈물/수돗물   ⑲ 날로/난로   ⑳ 동닙/독립

⑰ 이번 올림픽에서 세계 신기록이 ☐☐☐☐ .

⑱ 어제 오후에 2시간 동안 ☐☐☐ 공급이 중단됐다.

⑲ 그 사람들은 ☐☐ 를 중심으로 둘러앉았다.

⑳ 지난 주말에 ☐☐ 기념관에 다녀왔다.

21~24 다음 중 맞춤법에 맞게 고친 것에 ○, 틀리게 고친 것에 ✕하세요.

㉑ 종노 → 종로   (   )

㉒ 댓가 → 대가   (   )

㉓ 마딛따 → 맏있다   (   )

㉔ 민주주이 → 민주주의   (   )

4장

의미가 다른 두 단어 1

25 가르치다 | 가리키다
26 다르다 | 틀리다
27 -던지 | -든지
28 적다 | 작다
29 잃어버리다 | 잊어버리다
30 부딪히다 | 부딪치다
31 개다 | 괴다
32 -로서 | -로써

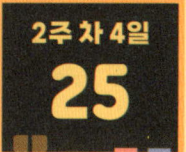

'가르치다'는 '지식이나 기능 등을 깨닫거나 익히게 하다'라는 뜻이고, '가리키다'는 '어떤 대상을 손가락 등으로 지적하여 알리다'라는 뜻이에요.

1단계 따라 써요 아래 글상자에 있는 단어를 따라 쓰세요.

① 영어 선생님이 수업 시간에 알파벳을 　가　르　쳐　 주셨다.

② 어느새 시계가 열한 시를 　가　리　키　고　 있었다.

2단계 골라 써요 다음 중 맞는 것에 ○하고 문장을 다시 쓰세요.

① 나는 손가락으로 동쪽을 (가리켰다 / 가르쳤다).

→ ……………………………………………………………

② 아빠는 나에게 수영하는 법을 (가르쳐 / 가리켜) 주셨다.

→ ……………………………………………………………

2주차 4일 26

'다르다'는 '서로 비교되는 두 대상이 같지 않다'라는 뜻이고, '틀리다'는 '계산이나 사실, 일 등이 잘못되다'라는 뜻이에요.

1단계 따라써요 아래 글상자에 있는 단어를 따라 쓰세요.

① 네가 좋아하는 음식과 내가 좋아하는 음식이 서로 다 르 다 .

② 한 문제의 정답만 맞고, 나머지 문제는 모두 틀 렸 다 .

2단계 골라 써요 다음 중 맞는 것에 ○하고 문장을 다시 쓰세요.

① 선생님은 나의 답이 (달랐다고 / 틀렸다고) 말씀하셨다.

→

② 나는 내 친구 동찬이와 성격이 너무 (다르다 / 틀리다).

→

2주 차 4일 27

'-던지'는 과거에 있었던 일을 떠올릴 때 쓰는 말이에요. '-든지'는 어떤 것이든 골라도 되는 상황을 이어 말할 때 쓰는 말이에요.

1단계 따라 써요 아래 글상자에 있는 단어를 따라 쓰세요.

① 김밥을 얼마나 많이 먹 [던][지] 체하지 않을까 걱정이 되었다.

② 소희는 사과 [든][지] 배 [든][지] 과일이면 다 좋아한다.

2단계 골라 써요 다음 중 맞는 것에 ○하고 문장을 다시 쓰세요.

① 나는 어떤 아이스크림이(던지 / 든지) 다 좋아한다.

→

② 나는 그때 얼마나 덥(던지 / 든지) 가만히 있어도 땀이 줄줄 흘렀다.

→

'적다'는 '수, 분량, 정도가 일정한 기준에 미치지 못하다'라는 뜻이에요. '작다'는 '길이, 부피, 넓이가 비교 대상이나 보통보다 모자라다'라는 뜻이에요.

1단계 따라 써요 아래 글상자에 있는 단어를 따라 쓰세요.

① 나는 친구들에 비해 손과 발이 유난히 | 작 | 다 | .

② 그는 용돈이 | 적 | 다 | 고 | 투덜거렸다.

2단계 골라 써요 다음 중 맞는 것에 ○하고 문장을 다시 쓰세요.

① 민아는 달리기를 아주 못해서 1등할 가능성이 (적다 / 작다).

→

② 나는 친구들보다 키가 (적어서 / 작아서) 고민이 많다.

→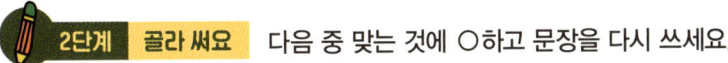

'잃어버리다'는 '가지고 있던 물건이 없어지다'라는 뜻이에요. '잊어버리다'는 '알고 있던 것을 기억하지 못하다'라는 뜻이에요.

 아래 글상자에 있는 단어를 따라 쓰세요.

① 나는 지난주에 배운 수학 공식을 전부 | 잊 | 어 | 버 | 렸 | 다 |.

② 우리는 놀이공원이 너무 넓어 길을 | 잃 | 어 | 버 | 렸 | 다 |.

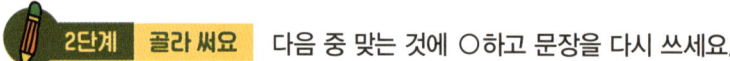 다음 중 맞는 것에 ○하고 문장을 다시 쓰세요.

① 영호는 주머니에 넣어 둔 동전을 (잊어버렸다 / 잃어버렸다).

→

② 수아는 점심을 먹는 것도 (잃어버리고 / 잊어버리고) 계속 공부만 했다.

→

'부딪히다'는 '주체(사람, 사물)에게 어떤 사물이 갑자기 다가와 부딪다'라는 뜻이며, 피동표현이에요. '부딪치다'는 '주체(사람, 사물)가 어떤 사물에게 가서 부딪거나 서로 부딪다'라는 뜻이며, 능동표현이에요.

1단계 따라 써요 아래 글상자에 있는 단어를 따라 쓰세요.

① 민호는 미끄러지면서 바닥에 머리를 　부　딪　쳤　다　.

② 항구에 정박해 있던 배가 커다란 파도에 　부　딪　혔　다　.

2단계 골라 써요 다음 중 맞는 것에 ○하고 문장을 다시 쓰세요.

① 그는 길을 가다가 뛰어오는 아이에게 (부딪혔다 / 부딪쳤다).

→

② 우리는 손바닥을 (부딪히며 / 부딪치며) 하이파이브를 했다.

→

'개다'는 '날씨가 맑아지다', '우울한 마음이 개운해지다', '옷이나 이불을 접어서 정리하다'라는 뜻이에요. '괴다'는 '무언가를 기울어지거나 쓰러지지 않게 받치다', '액체 등이 우묵한 곳에 모이다', '눈에 눈물이 어리다'라는 뜻이에요.

1단계 따라 써요 아래 글상자에 있는 단어를 따라 쓰세요.

① 비가 온 다음 날, 놀이터에 빗물이 [괴][어] 있었다.

② 얼른 날이 [개][어] 밖에 나가 놀았으면 좋겠다.

2단계 골라 써요 다음 중 맞는 것에 ○하고 문장을 다시 쓰세요.

① 선희의 눈에 눈물이 (개었다 / 괴었다).

→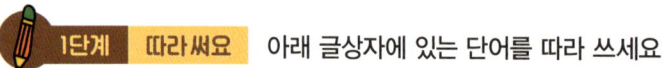

② 준호는 자고 난 이불을 (개어 / 괴어) 정리했다.

→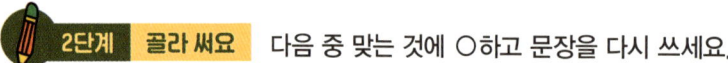

'-로서'는 지위, 신분, 자격을 나타낼 때 쓰는 조사예요. '선생님으로서', '의사로서'처럼요. '-로써'는 수단, 도구, 재료를 나타내거나 어떤 일의 기준이 되는 시간임을 나타낼 때 쓰는 조사예요. '로'를 쓸 때보다 뜻이 분명해져요.

1단계 따라 써요 아래 글상자에 있는 단어를 따라 쓰세요.

① 수영이는 친구 로서 참 배울 점이 많다.

② 그들은 그 문제를 대화 로써 해결해 보기로 했다.

2단계 골라 써요 다음 중 맞는 것에 ○하고 문장을 다시 쓰세요.

① 말(로서 / 로써) 천 냥 빚을 갚을 수 있다는 속담이 있다.

→

② 우리는 학생으(로서 / 로써) 공부를 열심히 해야 한다고 생각한다.

→

2주 차 6일 확인 문제 4

1~4 괄호 안에서 맞춤법이 올바르게 쓰인 단어를 골라 ○하세요.

① 수철이와 서인이의 답이 서로 (틀리구나 / 다르구나).

② 경호는 얼마나 배가 고팠(든지 / 던지) 밥을 세 그릇이나 먹었다.

③ 영호와 민수가 길을 가다가 서로 (부딪쳤다 / 부딪혔다).

④ 어떡해! 어제 외웠던 영어 단어를 벌써 다 (잃어버렸어 / 잊어버렸어).

5~8 밑줄 친 부분의 뜻이 다 맞으면 ○, 1개만 틀리면 △, 다 틀리면 ✕하세요.

⑤ 철수는 손가락으로 나를 <u>가리켰다</u>.
그는 학교에서 수학을 <u>가르친다</u>.

⑥ 올해는 작년에 비해 강수량이 <u>적다</u>.
나는 동생보다 키가 <u>작다</u>.

⑦ 너는 친구<u>로써</u> 참 좋은 아이야.
나는 오늘<u>로서</u> 만 12세가 되었다.

⑧ 철수야, 턱을 <u>개고</u> 무엇을 골똘히 생각하니?
민수야, 아빠랑 이 이불 좀 <u>개자</u>!

9~12 아래 문장에서 밑줄 친 부분을 맞춤법에 맞게 바르게 고쳐 쓰세요.

9. 그들은 소속팀이 서로 <u>틀리다</u>. → _____

10. 등굣길에 지나가던 자전거와 살짝 <u>부딪혔다</u>. → _____

11. 벚꽃이 어찌나 <u>예쁘든지</u> 나는 넋 놓고 바라봤다. → _____

12. 여러분들의 담임선생님<u>으로써</u> 최선을 다할게요. → _____

13~16 아이들의 말을 잘 보고 알맞은 단어에 ○하세요.

13. (잃어버리다 / 잊어버리다)는 '가지고 있던 물건이 없어지다'라는 뜻이야.

14. (적다 / 작다)는 '길이, 부피, 넓이가 보통보다 모자라다'라는 뜻이야.

15. (가리키다 / 가르치다)는 '지식이나 기능 등을 깨닫게 하다'라는 뜻이야.

16. (개다 / 괴다)는 '무언가를 쓰러지지 않게 받치다'라는 뜻이야.

17~20 다음 빈칸에 알맞은 단어를 〈보기〉에서 골라 쓰세요.

> 보기 ⑰ 로써/로서   ⑱ 괴었다/개었다   ⑲ 부딪혔다/부딪쳤다   ⑳ 다르다/틀리다

⑰ 인애가 피아노를 배운 지도 올해 ☐☐ 6년째가 되었다.

⑱ 비가 온 후에 하늘이 맑게 ☐☐.

⑲ 나는 길을 가다가 기둥에 머리를 ☐☐☐☐.

⑳ 선미의 머리카락 색깔이 나와 ☐☐☐.

21~24 다음 밑줄 친 단어의 맞춤법이 맞으면 ○, 틀리면 ✕하세요.

㉑ 엄마는 나에게 한자를 <u>가리켜</u> 주셨다.　　　　　(　　)

㉒ 그 치킨이 얼마나 <u>맛있던지</u> 자꾸만 생각난다.　　(　　)

㉓ 그는 얼마 전에 그의 강아지를 길에서 <u>잊어버렸다</u>.　(　　)

㉔ 사과는 수박보다 크기가 <u>적다</u>.　　　　　　　　(　　)

5장

의미가 다른 두 단어 2

33 장이 | 쟁이
34 -에요 | -예요
35 반드시 | 반듯이
36 같다 | 갖다
37 묵다 | 묶다
38 부치다 | 붙이다
39 들리다 | 들르다
40 비치다 | 비추다

3주 차 1일 33

'장이'는 '땜장이', '간판장이'처럼 어떤 기술을 가진 사람을 가리킬 때 쓰는 말이에요. '쟁이'는 '개구쟁이', '겁쟁이', '수다쟁이'처럼 어떤 속성, 특성을 가진 사람을 가리킬 때 쓰는 말이에요.

1단계 따라 써요
아래 글상자에 있는 단어를 따라 쓰세요.

① 목수와 　대　장　장　이　들이 하나둘씩 들어오기 시작했다.

② 동네 　개　구　쟁　이　들이 놀이터에서 신나게 놀고 있다.

2단계 골라 써요
다음 중 맞는 것에 ○하고 문장을 다시 쓰세요.

① 내 동생은 어렸을 때부터 타고난 수다(장이 / 쟁이)였다.

→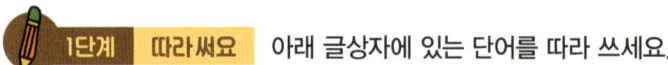

② 우리 증조할아버지는 아주 유명한 옹기(장이 / 쟁이)셨다고 한다.

→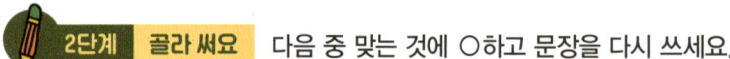

'-에요'는 '이다'나 '아니다' 뒤에 붙여 '-이에요', '-아니에요'라고 써요. '치킨'처럼 받침이 있는 말 뒤에서 '치킨이에요', '치킨이 아니에요'처럼요. '-예요'는 '이에요'를 줄여 쓴 말로, '국수'처럼 받침이 없는 말 뒤에서 '국수예요'처럼 쓰죠.

1단계 따라써요 아래 글상자에 있는 단어를 따라 쓰세요.

① 그건 제가 쓰던 마스크 예 요 .

② 이건 이번에 새로 산 스마트폰이 에 요 .

2단계 골라 써요 다음 중 맞는 것에 ○하고 문장을 다시 쓰세요.

① 선생님, 이건 생일 선물로 받은 컴퓨터(에요 / 예요).

→ --

② 저기 보이는 게 설악산이(에요 / 예요).

→ --

3주 차 1일 35

'반드시'는 '꼭', '틀림없이'라는 뜻을 가진 부사예요. '반듯이'는 '반듯하다'라는 형용사에서 '반듯'에 '-이'가 붙어 만들어진 부사예요. 그 뜻은 '비뚤어지지 않고 바르게', '잘못된 부분 없이 훌륭하게'라는 뜻이에요.

1단계 따라 써요 아래 글상자에 있는 단어를 따라 쓰세요.

① 그는 친구들에게 　반　드　시　 시간 맞춰 오라고 말했다.

② 우리는 　반　듯　이　 나 있는 길을 따라 신나게 달렸다.

2단계 골라 써요 다음 중 맞는 것에 ○하고 문장을 다시 쓰세요.

① 선생님은 우리에게 학급 규칙을 (반드시 / 반듯이) 지켜야 한다고 하셨다.

→

② 시훈이는 비뚤어진 모자를 (반드시 / 반듯이) 고쳐 썼다.

→

'같다'는 '서로 다르지 않다', '다른 것과 비교하여 그것과 다르지 않다'라는 뜻을 가진 형용사예요. '갖다'는 '가지다'의 준말이에요. 또한 '갖다'는 '가지어다 → 가져다'의 준말이기도 해요.

1단계 따라 써요 아래 글상자에 있는 단어를 따라 쓰세요.

① 누나와 나는 혈액형이 서로 　같　다　.

② 나는 많은 친구를 　갖　고　 있는 민정이가 부럽다.

2단계 골라 써요 다음 중 맞는 것에 ○하고 문장을 다시 쓰세요.

① 나에게 친절한 은주는 천사 (같다 / 갖다).

→

② 동생이 인형을 (같고 / 갖고) 놀고 있다.

→

3주 차 2일 37

'묵다'는 '시간이 흘러 오래된 상태가 되다', '어떤 장소에서 머무르다'라는 뜻을 가진 동사예요. '묶다'는 '끈이나 줄을 매듭으로 만들다', '사람이나 물건을 어떤 곳에 매달아 두다'라는 뜻을 가진 동사예요.

 **1단계 따라 써요** 아래 글상자에 있는 단어를 따라 쓰세요.

① 그는 버릴 책을 정리해 끈으로 묶 었 다 .

② 채우 가족은 여행을 가서 호텔에 묵 었 다 .

 **2단계 골라 써요** 다음 중 맞는 것에 ○하고 문장을 다시 쓰세요.

① 나는 신발 끈이 풀리지 않도록 매듭을 단단히 (묵었다 / 묶었다).

→

② 그는 (묵은 / 묶은) 김치와 돼지고기를 넣은 김치찌개를 자주 먹는다.

→

'부치다'는 '편지나 물건을 다른 사람에게 보내다', '전이나 빈대떡, 부침개 같은 음식을 프라이팬에서 만들다'라는 뜻을 가진 동사예요. '붙이다'는 '서로 맞닿아서 안 떨어지게 하다', '불이 나게 만들다'라는 뜻을 가진 동사예요.

1단계 따라 써요 아래 글상자에 있는 단어를 따라 쓰세요.

① 오늘 비도 오고 출출해서 우리는 김치전을 부쳐 먹었다.

② 그 남자는 바싹 마른 장작에 불을 붙였다.

2단계 골라 써요 다음 중 맞는 것에 ○하고 문장을 다시 쓰세요.

① 미국에 있는 사촌동생에게 한국 책과 장난감을 (부쳤다 / 붙였다).

→

② 그 어린아이는 스티커를 (붙이며 / 부치며) 놀고 있다.

→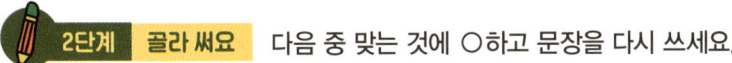

3주 차 2일 39

'들리다'는 '소리를 듣게 되다', '병에 걸리다'라는 뜻을 가진 동사예요. '들려', '들려서', '들렸다'로 활용해요. '들르다'는 '지나가는 길에 잠깐 머무르다'라는 뜻을 가진 동사예요. '들러', '들러서', '들렀다'로 활용해요.

1단계 따라써요 아래 글상자에 있는 단어를 따라 쓰세요.

① 학교 끝나고 그 아이가 자주 [들 르 는] 곳은 아이스크림 가게이다.

② 며칠 전부터 스마트폰이 고장 났는지 소리가 잘 [들 리 지] 않는다.

2단계 골라 써요 다음 중 맞는 것에 ○하고 문장을 다시 쓰세요.

① 엄마와 나는 집에 가는 길에 잠깐 할아버지 댁에 (들렸다 / 들렀다).

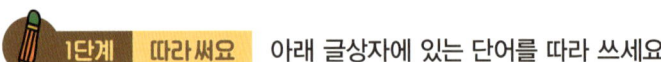

② 먼 곳에서 늑대 울음소리가 (들렸다 / 들렀다).

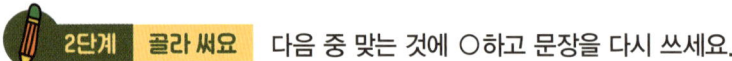

3주 차 2일 40

'비치다'는 '빛이 나서 밝게 되다', '사람, 사물의 모습이 보이다'라는 뜻을 가진 동사예요. '비추다'는 '빛을 내는 대상이 다른 물체에 빛을 보내서 보이게 하다', '거울에 물체의 모습이 보이게 하다'라는 뜻을 가진 동사예요.

 **1단계 따라 써요** 아래 글상자에 있는 단어를 따라 쓰세요.

① 봄이 되어 따사로운 햇살이 　비　친　다　.

② 흘러가는 강물에 얼굴을 　비　추　고　 싶다.

 **2단계 골라 써요** 다음 중 맞는 것에 ○하고 문장을 다시 쓰세요.

① 방에서 새어 나오는 불빛이 거실을 (비추었다 / 비치었다).

→

② 어둠 속에 (비춘 / 비친) 달빛이 너무 아름다웠다.

→

3주 차 3일 확인 문제 5

1~4 괄호 안에서 맞춤법이 올바르게 쓰인 단어를 골라 ○하세요.

1. 나는 무서운 영화를 보지 못하는 (겁장이 / 겁쟁이)다.

2. 그는 운동화 끈을 단단히 (묵고 / 묶고) 빠르게 달렸다.

3. 멀리서 새 소리가 (들렸다 / 들렀다).

4. 나는 허리를 (반드시 / 반듯이) 펴고 바른 자세로 앉았다.

5~8 밑줄 친 부분의 뜻이 다 맞으면 ○, 1개만 틀리면 △, 다 틀리면 ✗하세요.

5. 오빠가 한 말이 모두 <u>맞는</u> 말이에요.
   이건 새로 산 공<u>책이예요</u>.

6. 호수에 <u>비치는</u> 하늘을 보았다.
   식물은 햇빛이 잘 <u>비치는</u> 곳에 두어야 한다.

7. 우리는 좋아하는 음식이 <u>같다</u>.
   우리는 서로 혈액형이 <u>갖다</u>.

8. 그는 미국에 있는 친척에게 편지를 <u>붙였다</u>.
   그는 복도에 포스터를 <u>부쳤다</u>.

9~12 아래 문장에서 밑줄 친 부분을 맞춤법에 맞게 바르게 고쳐 쓰세요.

⑨ 진호가 한 말은 모두 거짓말이<u>예요</u>. →

⑩ 내 동생은 대단한 <u>고집장</u>이다. →

⑪ 그는 상자를 노끈으로 <u>묶었</u>다. →

⑫ 그녀는 거울에 얼굴을 <u>비치었</u>다. →

13~16 아이들의 말을 잘 보고 알맞은 단어에 ◯하세요.

⑬ (반드시 / 반듯이)는 '비뚤어지지 않고 바르게'라는 뜻이야.

⑭ (부치다 / 붙이다)는 '서로 맞닿아서 안 떨어지게 하다'라는 뜻이야.

⑮ (들리다 / 들르다)는 '소리를 듣게 되다'라는 뜻이야.

⑯ (같다 / 갖다)는 '서로 다르지 않다', '서로 비슷하다'라는 뜻이야.

17~20 다음 빈칸에 알맞은 단어를 <보기>에서 골라 쓰세요.

> 보기 ⑰ 장이/쟁이   ⑱ 같다/갖다   ⑲ 부쳤다/붙였다   ⑳ 비치었다/비추었다

⑰ 우리 형은 대단한 멋 ☐☐ 다.

⑱ 우리는 사는 동네가 서로 ☐☐.

⑲ 누나는 편지 봉투에 우표를 ☐☐☐.

⑳ 구름 뒤로 햇빛이 ☐☐☐☐.

21~24 다음 밑줄 친 단어의 맞춤법이 맞으면 ○, 틀리면 ╳하세요.

㉑ 그 사과는 제가 먹은 게 아니<u>에요</u>.   (   )

㉒ 지은이는 고무줄로 머리를 <u>묵었다</u>.   (   )

㉓ 멀리서 사람들의 말소리가 <u>들렀다</u>.   (   )

㉔ 우리는 언젠가 <u>반드시</u> 다시 만나게 될 것이다.   (   )

6장
의미가 다른 두 단어 3

41 체 | 채
42 되다 | 돼다
43 띄다 | 띠다
44 -데 | -대
45 아니오 | 아니요
46 걸음 | 거름
47 안치다 | 앉히다
48 어떡해 | 어떻게

'체'는 '그럴듯하게 꾸민 태도'라는 뜻을 가진 의존명사예요. '채'는 '원래 상태 그대로 남아 있다'라는 뜻을 가진 의존명사예요.

1단계 따라 써요 아래 글상자에 있는 단어를 따라 쓰세요.

① 나는 정답을 알았지만, 발표하기 싫어 일부러 모르는 [체] 했다.

② 사냥꾼은 커다란 멧돼지를 산 [채] 로 잡았다.

2단계 골라 써요 다음 중 맞는 것에 ○하고 문장을 다시 쓰세요.

① 그는 나에게 화가 나서 나를 못 본 (체 / 채)했다.

→

② 나는 너무 피곤해서 겉옷을 입은 (체 / 채)로 침대에 누웠다.

→

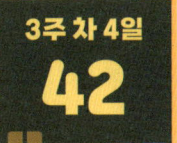

'되다'는 '새로운 신분, 지위를 가지다', '어떤 걸 이루다', '변화가 일어나 바뀌다'라는 뜻을 가진 동사예요. '되' 뒤에 '어'를 넣었을 때 자연스러우면 '돼'로 바꿔 쓸 수 있어요. 그리고 문장의 끝에서는 항상 '되'가 아니라 '돼'를 써야 해요.

1단계 따라 써요 아래 글상자에 있는 단어를 따라 쓰세요.

① 올챙이가 자라서 개구리가 됐 다 .

② 밤이 되 니 주변이 조용해졌다.

2단계 골라 써요 다음 중 맞는 것에 ○하고 문장을 다시 쓰세요.

① 생일 선물로 운동화를 받게 (되서 / 돼서) 너무 기뻤다.

→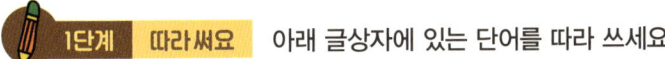

② 단단한 얼음이 녹아 물이 (되었다 / 돼었다).

→

'띄다'는 '눈에 보이게 되다', '나타나다'라는 뜻을 가진 동사로서 '뜨이다'의 준말이에요. '띠다'는 '색깔이나 성향, 감정, 기운 등을 가지다'라는 뜻을 가진 동사예요. 그리고 '띠다' 앞에는 '-을', '-를' 같은 목적어가 있어야 해요.

1단계 따라 써요 아래 글상자에 있는 단어를 따라 쓰세요.

① 나는 수족관에서 신비한 푸른 빛을 　띤　 물고기를 봤다.

② 요즘 우리 반 친구들의 행동이 눈에 　띄　게　 달라졌다.

2단계 골라 써요 다음 중 맞는 것에 ○하고 문장을 다시 쓰세요.

① 며칠째 내린 폭우로 강물이 눈에 (띄게 / 띠게) 불었다.

→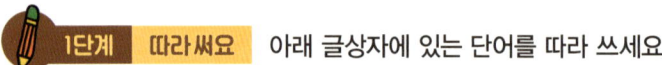

② 그녀는 얼굴에 난처한 빛을 (띄었다 / 띠었다).

→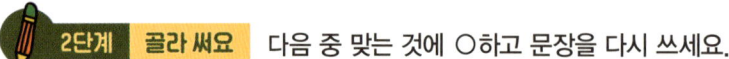

'-데'는 '~하는 곳이나 장소', '~하는 일', '~하는 경우'를 나타내는 의존명사예요. '-대'는 남이 말한 내용을 전해줄 때 사용하거나 '-다고 해'를 줄여서 말할 때 사용하는 표현이에요.

1단계 따라 써요 아래 글상자에 있는 단어를 따라 쓰세요.

① 오늘은 혜빈이가 학교에 1등으로 왔 |대| .

② 우리는 어디로 가야 할지 몰라서 지난번에 갔던 |데| 로 갔다.

2단계 골라 써요 다음 중 맞는 것에 ○하고 문장을 다시 쓰세요.

① 세호는 이 레고를 조립하는 (데 / 대) 이틀이 걸렸다.

→

② 나는 "지원이가 진짜 날 좋아한(데 / 대)?"라고 물었다.

→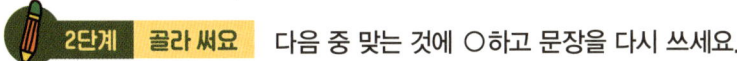

형용사 '아니다'가 변한 것이 '아니오'예요. '그러오'의 반대말이죠. '아니요'는 윗사람이 물어보는 말에 아니라고 대답할 때 사용해요. '예'나 '네'의 반대말이라고 생각하면 돼요.

1단계 따라 써요 아래 글상자에 있는 단어를 따라 쓰세요.

① 나는 그 학생의 선생님이 　아　니　오　.

② 아이들이 다 도착했니? – 　아　니　요　. 아직 태호가 안 왔어요.

2단계 골라 써요 다음 중 맞는 것에 ○하고 문장을 다시 쓰세요.

① 지우야, 아침에 약 먹었니? – (아니오 / 아니요). 깜빡 잊어버렸어요.

→

② 당신이 생각하는 것처럼 나는 나쁜 사람이 (아니오 / 아니요).

→

76 의미가 다른 두 단어 3

'걸음'은 '발을 움직이는 동작'이나 '어느 쪽으로 가는 움직임'이라는 뜻을 가진 명사예요. '거름'은 '식물이 잘 자라게 하려고 땅에 주는 물질'이라는 뜻을 가진 명사예요.

1단계 따라써요 아래 글상자에 있는 단어를 따라 쓰세요.

① 미소는 걸음 이 너무 빨라서 함께 걷기가 어렵다.

② 요즘 화단에서 거름 냄새가 많이 난다.

2단계 골라 써요 다음 중 맞는 것에 ○하고 문장을 다시 쓰세요.

① 할아버지께서 밭에 (걸음 / 거름)을 주셨다.

→

② 초등학교에 가더니 은호의 (걸음 / 거름)걸이가 제법 의젓해졌다.

→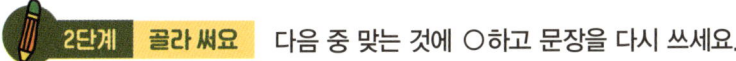

'안치다'는 '밥이나 국과 같은 음식을 불 위에 올리다'라는 뜻을 가진 동사예요.
'앉히다'는 '사람이나 동물을 의자나 바닥에 앉게 하다'라는 뜻을 가진 동사예요.

1단계 따라 써요 아래 글상자에 있는 단어를 따라 쓰세요.

① 형사는 범인을 의자에 앉힌 다음 서류를 내밀었다.

② 아빠는 단호박을 가져다 솥에 안쳐 놓으셨다.

2단계 골라 써요 다음 중 맞는 것에 ○하고 문장을 다시 쓰세요.

① 승원이는 능숙하게 밥솥에 밥을 (안쳤다 / 앉혔다).

→

② 아버지는 아들을 (안쳐 / 앉혀) 놓고 진지한 이야기를 시작했다.

→

3주 차 5일 48

'어떡해'는 '어떡하다'에서 온 말로, 주로 문장 끝부분에서 사용하고, 당황했을 때도 사용해요. '어떻게'는 '어떻다'의 부사형으로, 방법이나 방식을 물어볼 때 사용해요. 그리고 '어떡케'나 '어떻해'처럼 쓰는 건 틀린 표현이에요.

1단계 따라 써요
아래 글상자에 있는 단어를 따라 쓰세요.

① 정말? 나 다음 주 토요일에 약속이 있는데 | 어 | 떡 | 해 | !

② 할머니 요즘 | 어 | 떻 | 게 | 지내시나요? 몸 건강히 잘 지내시죠?

2단계 골라 써요
다음 중 맞는 것에 ○하고 문장을 다시 쓰세요.

① 네가 (어떡해 / 어떻게) 나한테 그렇게 심한 말을 할 수 있어?

→

② 학교가 늦게 끝나서 학원에 지각할 것 같은데 나 (어떡해 / 어떻게)?

→

3주 차 6일 확인 문제 6

1~4 괄호 안에서 맞춤법이 올바르게 쓰인 단어를 골라 ○하세요.

① 지영이는 얼굴에 엷은 미소를 (띠었다 / 띄었다).

② 잡곡으로 지은 밥이 맛있게 (됬다 / 됐다).

③ (아니오 / 아니요), 아직 숙제를 끝내지 못했어요.

④ 아빠는 동생을 안아서 소파에 (안쳤다 / 앉혔다).

5~8 밑줄 친 부분의 뜻이 다 맞으면 ○, 1개만 틀리면 △, 다 틀리면 ✕하세요.

⑤ 우리 아빠는 거름이 진짜 빠르시다.
그녀는 온종일 화단에 걸음을 뿌렸다. ☐

⑥ 채영이는 잘난 체를 너무 많이 한다.
그 소년은 외투를 입은 채로 잠들었다. ☐

⑦ 내 물건을 마음대로 쓰면 어떡해!
시완이는 어떻게 보면 천재 같아. ☐

⑧ 지난번에 갔던 대가 생각나지 않는다.
이 식당이 다른 곳보다 맛있대. ☐

9~12 아래 문장에서 밑줄 친 부분을 맞춤법에 맞게 바르게 고쳐 쓰세요.

9. 그는 복권에 당첨이 됬다. →

10. 거기까지 가는 대 오랜 시간이 걸린다. →

11. 저 사람은 내가 아는 사람이 아니요. →

12. 논설문을 어떡해 쓰는 건지 모르겠습니다. →

13~16 아이들의 말을 잘 보고 알맞은 단어에 ○하세요.

13. (걸음 / 거름)은 '식물이 잘 자라게 하려고 땅에 주는 물질'이라는 뜻이야.

14. (안치다 / 앉히다)는 '밥이나 국 같은 음식을 불 위에 올리다'라는 뜻이야.

15. (띄다 / 띠다)는 '색깔이나 성향, 감정, 기운 등을 가지다'라는 뜻이야.

16. (체 / 채)는 '그럴듯하게 꾸민 태도'라는 뜻이야.

17~20 다음 빈칸에 알맞은 단어를 〈보기〉에서 골라 쓰세요.

> 보기　　❶ 체/채　　❷ 걸음/거름　　❸ 됬다/됐다　　❹ 어떡해/어떻게

❶ 그 아이는 부끄러운 듯 고개를 숙인 [　] 말했다.

❷ 우리 학교까지 빠른 [　|　]으로 가면 10분 정도 걸린다.

❸ 내 스마트폰 배터리가 다 [　|　].

❹ 이 단어를 [　|　|　] 읽어야 할지 모르겠다.

21~24 다음 밑줄 친 단어의 맞춤법이 맞으면 ○, 틀리면 ✕하세요.

㉑ 예은이가 사는 대는 학교에서 멀지 않다.　　　　　(　　)

㉒ 우리는 은주를 의자에 안치고 궁금한 것을 물어봤다.　　(　　)

㉓ 그 소녀의 머리카락은 윤기를 띠고 있었다.　　　　(　　)

㉔ 아니요, 도착하려면 아직 5분 정도 남았습니다.　　(　　)

7장

의미가 다른 두 단어 4

49 벌이다 | 벌리다
50 찼다 | 찾다
51 메다 | 매다
52 돋우다 | 돋구다
53 식히다 | 시키다
54 늘이다 | 늘리다
55 맞추다 | 맞히다
56 바라다 | 발하다

'벌이다'는 '일을 계획하여 시작하거나 펼쳐 놓다'라는 뜻을 가진 동사예요. '사업을 벌이다', '일을 벌이다'처럼 쓰여요. '벌리다'는 '둘 사이를 넓히다', '껍질 등을 열어 속의 것을 드러내다'라는 뜻을 가진 동사예요.

1단계 따라 써요 아래 글상자에 있는 단어를 따라 쓰세요.

① 주인공은 악당과 결투를 [벌][이][다] 결국 복수에 성공했다.

② 민아는 조심스럽게 밤송이를 [벌][리][고] 알밤을 꺼냈다.

2단계 골라 써요 다음 중 맞는 것에 ○하고 문장을 다시 쓰세요.

① 형은 하마처럼 입을 (벌리고 / 벌이고) 밥을 먹기 시작했다.

→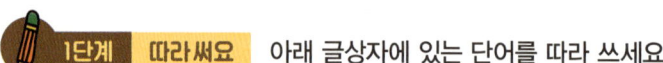

② 실력이 비슷한 두 친구가 팔씨름 대결을 (벌리고 / 벌이고) 있다.

→

'찼다'는 '차다'의 과거형이에요. '차다'는 '사람이나 물건이 가득 들어가다', '발로 어떤 대상을 치다'라는 뜻의 동사예요. '찾다'는 '지금 없는 것을 가지기 위해 이곳저곳을 살피다', '모르는 것을 알기 위해 노력하다'라는 뜻의 동사예요.

1단계 따라 써요 아래 글상자에 있는 단어를 따라 쓰세요.

① 보물 지도를 이용해 숲속에 숨겨진 보물을 　찾　았　다　.

② 화가 난 기영이는 영수를 발로 　찼　다　.

2단계 골라 써요 다음 중 맞는 것에 ○하고 문장을 다시 쓰세요.

① 나는 잃어버린 지우개를 가방 속에서 (찼았다 / 찾았다).

→

② 유람선이 관광객들로 가득 (찼다 / 찾다).

→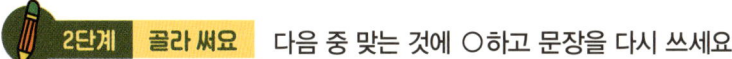

'메다'는 '비어 있는 곳이 채워지다', '어깨에 걸치다', '너무 기쁘거나 슬퍼서 목소리가 나지 않다'라는 뜻을 가진 동사예요. '매다'는 '끈이나 줄로 풀어지지 않도록 매듭을 만들다', '논이나 밭에 난 잡초를 뽑다'라는 뜻을 가진 동사예요.

1단계 따라 써요 아래 글상자에 있는 단어를 따라 쓰세요.

① 노란 나비 넥타이를 　맨　 고양이가 내가 있는 쪽으로 걸어왔다.

② 시험에 합격했다는 소식에 그녀는 목이 　메 었 다　.

2단계 골라 써요 다음 중 맞는 것에 ○하고 문장을 다시 쓰세요.

① 그는 자동차가 출발하기 전에 안전벨트를 (멨다 / 맸다).

→

② 배낭을 꺼내 (메고 / 매고) 우리는 선생님들을 따라갔다.

→

4주 차 1일 52

'돋우다'는 '위로 올려 높아지게 하다', '입맛을 당기게 하다', '감정이나 기색 등을 생겨나게 하다'라는 뜻을 가진 동사예요. '돋구다'는 '안경의 도수를 높게 하다'라는 뜻을 가진 동사예요.

1단계 따라 써요 아래 글상자에 있는 단어를 따라 쓰세요.

① 새콤달콤한 망고 샐러드가 나의 입맛을 │돋│우│었│다│.

② 세호는 안경 도수를 예전보다 많이 │돋│구│어│야│ 한다.

2단계 골라 써요 다음 중 맞는 것에 ○하고 문장을 다시 쓰세요.

① 나의 버릇없는 행동이 엄마의 화를 (돋우었다 / 돋구었다).

→

② 미혜는 시력이 나빠져서 안경의 도수를 (돋우었다 / 돋구었다).

→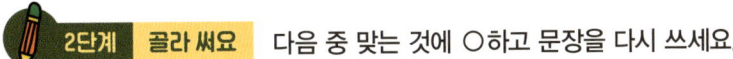

'식히다'는 '뜨거운 느낌을 없애다', '마음이나 생각이 줄어들게 하다', '땀을 말리다'라는 뜻을 가진 동사예요. '시키다'는 '다른 사람에게 어떤 일이나 행동을 하게 하다', '음식을 만들어 오도록 주문하다'라는 뜻을 가진 동사예요.

1단계 따라 써요 아래 글상자에 있는 단어를 따라 쓰세요.

① 우리는 분식집에 가서 김밥을 　시　켜　 먹었다.

② 나는 라면이 너무 뜨거워서 조금 　식　혀　서　 먹었다.

2단계 골라 써요 다음 중 맞는 것에 ○하고 문장을 다시 쓰세요.

① 아빠는 나에게 빨래를 개라고 (식히셨다 / 시키셨다).

→

② 민구와 나는 그늘에 앉아서 땀을 (식혔다 / 시켰다).

→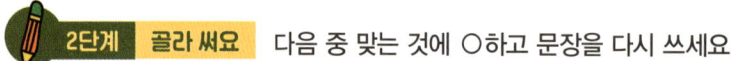

'늘이다'는 '원래의 길이보다 더 길어지게 하다'라는 뜻이에요. 주로 '길이'와 관련된 상황에서 쓰여요. '늘리다'는 '물체의 넓이를 커지게 하거나 무게를 더 나가게 하다'라는 뜻이에요. 주로 시간이나 숫자와 관련된 상황에서 쓰여요.

1단계 따라 써요 아래 글상자에 있는 단어를 따라 쓰세요.

① 새로 산 바지가 좀 짧아서 바짓단을 | 늘 | 여 | 야 | 한다.

② 나는 건강해지기 위해 운동 시간을 30분 더 | 늘 | 렸 | 다 |.

2단계 골라 써요 다음 중 맞는 것에 ○하고 문장을 다시 쓰세요.

① 그는 너무 말라서 체중을 (늘려야 / 늘여야) 한다.

→ _____

② 엿가락을 길게 (늘리면 / 늘이면) 실처럼 가늘어진다.

→ _____

'맞추다'는 '서로 떨어져 있는 걸 알맞게 맞대어 붙이다', '어떤 기준에 어긋남이 없이 조정하다'라는 뜻이에요. '맞히다'는 '문제에 대한 정답을 정확히 말하거나 쓰다', '침, 주사 등으로 치료를 받게 하다'라는 뜻이에요.

 **따라 써요** 아래 글상자에 있는 단어를 따라 쓰세요.

① 그는 우리에게 수수께끼를 맞 히 면 상품을 준다고 했다.

② 그 남자들은 창문을 창틀에 맞 춰 끼웠다.

 **골라 써요** 다음 중 맞는 것에 O하고 문장을 다시 쓰세요.

① 아빠는 카메라의 초점을 (맞추고 / 맞히고) 사진을 찍으셨다.

→ ------

② 나는 어려운 수학 문제의 정답을 (맞췄다 / 맞혔다).

→ ------

4주 차 2일 56

'바라다'는 '무언가가 이루어지기를 원하다'라는 뜻이에요. '발하다'는 '빛, 소리, 냄새, 열, 기운, 감정 등이 일어나다'라는 뜻이에요.

1단계 따라 써요 아래 글상자에 있는 단어를 따라 쓰세요.

① 나는 할아버지의 병이 빨리 나으시기를 　바　란　다　.

② 마법사의 눈이 신비한 빛을 　발　하　고　 있었다.

2단계 골라 써요 다음 중 맞는 것에 ○하고 문장을 다시 쓰세요.

① 나는 우리 가족이 행복하기를 (바란다 / 발한다).

→ _____

② 그는 아름다운 광채를 (바라는 / 발하는) 보석을 보며 신기해했다.

→ _____

4주 차 3일 확인 문제 7

1~4 괄호 안에서 맞춤법이 올바르게 쓰인 단어를 골라 ○하세요.

① 우리는 두 팔을 넓게 (벌이면서 / 벌리면서) 줄을 맞췄다.

② 욕조에 비누 거품이 가득 (찼다 / 찾다).

③ 선생님께서는 우리들의 흥미를 (돋구는 / 돋우는) 방법을 아신다.

④ 그는 시험에 합격하기를 간절히 (바라고 / 발하고) 있다.

5~8 밑줄 친 부분의 뜻이 다 맞으면 ○, 1개만 틀리면 △, 다 틀리면 ✕하세요.

⑤ 그 남자는 가방 하나만 <u>메고</u> 집을 떠났다.
엄마는 스카프를 <u>매고</u> 있었다.

⑥ 그 아이는 물놀이를 하며 더위를 <u>식혔다</u>.
미역국이 너무 뜨거워서 <u>시켜서</u> 먹었다.

⑦ 동아리 활동에 참여할 인원을 <u>늘였다</u>.
달리기하는 시간을 10분 더 <u>늘렸다</u>.

⑧ 아기의 볼에 입을 <u>맞혔다</u>.
아기의 엉덩이에 주사를 <u>맞췄다</u>.

9~12 아래 문장에서 밑줄 친 부분을 맞춤법에 맞게 바르게 고쳐 쓰세요.

9. 냉장고에 음식이 가득 <u>찼다</u>. → _____

10. 그는 선물 받은 넥타이를 <u>멨다</u>. → _____

11. 새콤달콤한 샐러드가 입맛을 <u>돋구었다</u>. → _____

12. 우리 가족은 넓은 평수로 집을 <u>늘여</u> 이사했다. → _____

13~16 아이들의 말을 잘 보고 알맞은 단어에 ○하세요.

13. (식히다 / 시키다)는 '다른 사람에게 어떤 일을 하게 하다'라는 뜻이야.

14. (바라다 / 발하다)는 '무언가가 이루어지기를 원하다'라는 뜻이야.

15. (벌이다 / 벌리다)는 '두 개의 사이를 넓게 만들다'라는 뜻이야.

16. (맞추다 / 맞히다)는 '문제에 대한 답을 틀리지 않게 하다'라는 뜻이야.

17~20 다음 빈칸에 알맞은 단어를 〈보기〉에서 골라 쓰세요.

> **보기** ⑰ 식혔다/시켰다   ⑱ 돋운다/돋군다   ⑲ 맞췄다/맞혔다   ⑳ 찼았다/찾았다

⑰ 참치김밥 한 줄과 떡라면 한 그릇을 ☐☐☐ .

⑱ 우리 누나는 가끔 내 신경을 ☐☐☐ .

⑲ 가장 어렵다고 알려진 마지막 문제를 ☐☐☐ .

⑳ 스마트폰에 있는 지도를 이용해 길을 ☐☐☐ .

21~24 다음 밑줄 친 단어의 맞춤법이 맞으면 ○, 틀리면 ✕하세요.

㉑ 민호는 책가방을 <u>메고</u> 학교에 갔다.　　　　　　　　　　(　　)

㉒ 고무줄을 계속해서 <u>늘리다</u> 그만 끊어져 버렸다.　　　　　(　　)

㉓ 민규는 엉뚱한 일을 자주 <u>벌린다</u>.　　　　　　　　　　　(　　)

㉔ 그는 보상을 <u>발하고</u> 친구를 도와준 것은 아니다.　　　　(　　)

8장

알쏭달쏭! 헷갈리는 두 단어 1

57 오랜만에 | 오랫만에

58 깨끗이 | 깨끗히

59 일일이 | 일일히

60 열심히 | 열심이

61 역할 | 역활

62 웃어른 | 윗어른

63 -봬요 | -뵈요

64 안 하다 | 않 하다

4주 차 4일 57

이 단어는 소리 나는 대로 '오랜만에'로 써야 해요. '오랫동안'이라는 말을 떠올려 '오랫만에'로 쓰기 쉬우니 주의해야 해요.

1단계 따라 써요 아래 글상자에 있는 단어를 따라 쓰세요.

나는 내 친구를 | 오 | 랜 | 만 | 에 | 만났다.

2단계 골라 써요 다음 중 맞는 것에 ○하고 문장을 다시 쓰세요.

① 우리 가족은 (오랫만에 / 오랜만에) 놀이공원에 가서 즐겁게 놀았다.

→ _____

② 호동이는 (오랫만에 / 오랜만에) 포식하게 되어 너무 기분이 좋았다.

→ _____

4주 차 4일 58

'깨끗이'가 올바른 표현인데, '깨끗히', '깨끄시'라고 쓰는 경우가 있어요. '반듯이', '느긋이', '따뜻이'처럼 '-이'로 끝나야 한다는 걸 알아두세요.

1단계 따라써요 아래 글상자에 있는 단어를 따라 쓰세요.

나는 사물함과 책상 정리를 | 깨 | 끗 | 이 | 잘하는 친구들이 부럽다.

2단계 골라써요 다음 중 맞는 것에 ○하고 문장을 다시 쓰세요.

① 나는 너무 배가 고파 밥 한 공기를 (깨끗이 / 깨끗히) 비웠다.

→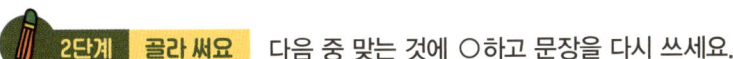

② 재훈이는 오랜만에 방을 (깨끗이 / 깨끗히) 정리했다.

→

'하나씩 하나씩'이라는 뜻을 가진 '일일이'는 소리도 '일일이'로 나죠? '일일히'는 '일일이'의 옛말로 요즘엔 사용하지 않아요. 1+1=2 맞죠? '일일이(112)'를 떠올리며 익혀 보세요.

1단계 따라 써요 아래 글상자에 있는 단어를 따라 쓰세요.

선생님께서는 생일을 맞은 친구들에게 | 일 | 일 | 이 | 손 편지를 써주셨다.

2단계 골라 써요 다음 중 맞는 것에 ○하고 문장을 다시 쓰세요.

① 그 가수는 팬들의 질문에 (일일이 / 일일히) 대답해 주었다.

→

② 내 친구는 엄마가 (일일히 / 일일이) 간섭하는 것을 아주 싫어한다.

→

앞에서 배운 '깨끗이'나 '일일이'가 '-이'로 끝나는 것과 다르게 '열심히'는 소리 나는 대로 '-히'로 써야 해요. 따라서 "지원이는 무슨 일이든 열심히 한다."처럼 써야 해요.

 **1단계 따라써요** 아래 글상자에 있는 단어를 따라 쓰세요.

지성이는 우리 팀에서 가장 | 열 | 심 | 히 | 연습하는 학생이다.

 **2단계 골라 써요** 다음 중 맞는 것에 ○하고 문장을 다시 쓰세요.

① 그녀는 가수가 되기 위해 (열심히 / 열심이) 노력했다.

→

② 그 남자는 (열심이 / 열심히) 공부해서 원하던 목표를 이루었다.

→

4주 차 5일
61

예전에는 '역활'이라는 단어가 있었는데, 이제는 '역할'이라는 단어 하나만 원칙으로 정해서 쓰고 있어요. 내가 맡은 임무나, 연극에서 맡은 배역을 말할 때는 '역할'이라고 한다는 걸 알아두세요.

1단계 따라 써요 아래 글상자에 있는 단어를 따라 쓰세요.

이번 학예회 때 내가 주인공 역할 을 맡게 되었다.

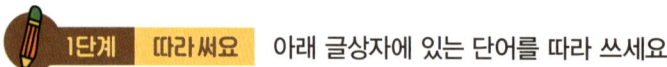

2단계 골라 써요 다음 중 맞는 것에 ○하고 문장을 다시 쓰세요.

① 그 선수는 우리나라가 경기에서 이기는 데 큰 (역활 / 역할)을 했다.

→

② 우리는 (역할 / 역활) 분담을 해서 교실 청소를 시작했다.

→

4주 차 5일
62

표준어 규칙에서는 '위'와 '아래'가 있을 때는 '윗-'을 쓰고, 없을 때는 '웃-'을 쓰고 있어요. '아래어른'은 있을 수 없겠죠? 그래서 '웃어른'이라고 써요.

1단계 따라 써요 아래 글상자에 있는 단어를 따라 쓰세요.

| 웃 | 어 | 른 | 께는 높임말을 올바르게 써야 한다.

2단계 골라 써요 다음 중 맞는 것에 ○하고 문장을 다시 쓰세요.

① 설날에는 (윗어른 / 웃어른)들께 세배를 한다.

→

② 유주는 항상 (웃어른 / 윗어른)들께 예의 바르게 행동한다.

→

'-봬요'는 '-뵈어요'의 준말이에요. 그래서 '-뵈요'는 틀린 표현이에요. 대신 기본형이 '뵈다'이기 때문에 '봬러 가다'가 아니라 '뵈러 가다', '뽤까요?'가 아니라 '뵐까요?', '뽭죠'가 아니라 '뵙죠'가 되어야 한다는 걸 알아두세요.

1단계 따라 써요 아래 글상자에 있는 단어를 따라 쓰세요.

선생님 편하신 시간에  .

2단계 골라 써요 다음 중 맞는 것에 ○하고 문장을 다시 쓰세요.

① 이번에 헤어지면 할머니를 언제 다시 (봬요 / 뵈요)?

→ ------------------------------

② 우리 가족은 이번 추석에 할아버지를 (봬러 / 뵈러) 갈 계획이다.

→ ------------------------------

4주 차 5일 64

부정하는 문장을 쓸 때 '아니'라는 말을 줄여 '안'이라고 쓰죠? '안' 뒤에 '하다'라는 말이 오면 '않 하다'가 아니라 '안 하다'로 써야 해요. '않다'는 '하지 않다'처럼 '~지 않다'라고 할 때 쓴다는 걸 알아두세요.

안 하다

않 하다

 **1단계 따라 써요** 아래 글상자에 있는 단어를 따라 쓰세요.

화가 난 민철이는 내가 어떤 말을 해도 대꾸도 | 안 | 했 | 다 |.

 2단계 골라 써요 다음 중 맞는 것에 하고 문장을 다시 쓰세요.

① 자리에서 비켜달라고 말했지만 누나는 꿈쩍도 (안 했다 / 않 했다).

→

② 미진이가 전학 간 이후에 우리는 연락 한 번 (않 했다 / 안 했다).

→

4주 차 6일　확인 문제 8

1~4　괄호 안에서 맞춤법이 올바르게 쓰인 단어를 골라 ○하세요.

① 나는 그 선생님을 (오랜만에 / 오랫만에) 만났다.

② 나는 우리 반 친구들에게 (일일이 / 일일히) 편지를 썼다.

③ 해린이는 (열심이 / 열심히) 노력한 결과, 피아노 대회에서 우승했다.

④ 가족 모두가 청소할 때 동생은 손끝 하나 까딱 (안 했다 / 않 했다).

5~8　왼쪽 단어들을 바르게 고쳐 빈칸에 쓰세요.

⑤ 깨끗히　→　☐☐☐

⑥ 윗어른　→　☐☐☐

⑦ 뵈요　→　☐☐

⑧ 역활　→　☐☐

9~12 아래 문장에서 밑줄 친 부분을 맞춤법에 맞게 바르게 고쳐 쓰세요.

9 내가 <u>일일히</u> 그 문장을 다 읽어줘야 하니? →

10 커다란 바위는 꿈쩍도 <u>않 했다</u>. →

11 우리 가족은 <u>오랫만에</u> 외식했다. →

12 우리는 점심시간마다 영양사 선생님을 <u>뵈요</u>. →

13~16 해당하는 단어의 뜻을 추측하여 빈칸에 알맞은 단어를 써 넣으세요.

13 너희들 각자의 _____ 이 무엇인지 꼭 기억해라.
　　　　　　　마땅히 해야 할 책임이나 직무

14 어린이는 _____ 을 공경해야 한다.
　　　　　나이, 신분 등이 자기보다 높은 어른

15 대청소를 하며 내 방을 _____ 청소했다.
　　　　　　　　　　더럽지 않고 깔끔하게

16 채은이는 수업을 _____ 듣는다.
　　　　　　　정성을 다해

확인 문제 8

17~20 다음 빈칸에 알맞은 단어를 〈보기〉에서 골라 쓰세요.

> 보기 ⑰ 윗어른/웃어른   ⑱ 깨끗이/깨끗히   ⑲ 열심이/열심히   ⑳ 오랜만에/오랫만에

⑰ ☐☐☐ 들께는 항상 뵐 때마다 인사를 해야 한다.

⑱ 우리는 방의 이곳저곳을 ☐☐☐ 쓸었다.

⑲ 지호는 누구보다 ☐☐☐ 독서하는 학생이다.

⑳ 나는 ☐☐☐☐ 은주와 이야기했다.

21~24 다음 중 맞춤법에 맞게 고친 것에 ○, 틀리게 고친 것에 ✕하세요.

㉑ 뵈요 → 봬요   (   )

㉒ 않 했다 → 안 했다   (   )

㉓ 일일히 → 일이리   (   )

㉔ 역활 → 역할   (   )

9장

알쏭달쏭! 헷갈리는 두 단어 2

65 대물림 | 되물림

66 서슴지 않다 | 서슴치 않다

67 널따랗다 | 넓따랗다

68 아지랑이 | 아지랭이

69 여태껏 | 여지껏

70 한 움큼 | 한 웅큼

71 잠그다 | 잠구다

72 귓불 | 귓볼

5주 차 1일 65

'대물림'은 '사물이나 가업을 후손들에게 남겨주어, 후손들이 그것을 이어가는 것'을 가리키는 말이에요. '대신하다'라는 뜻을 지닌 대(代)자가 들어가 '대물림'으로 사용한다는 걸 알아두세요.

1단계 따라 써요 아래 글상자에 있는 단어를 따라 쓰세요.

우리 집에는  되어 내려오는 가보가 있다.

2단계 골라 써요 다음 중 맞는 것에 ○하고 문장을 다시 쓰세요.

① 우리 아버지는 (대물림 / 되물림)으로 한복 가게를 운영하신다.

→ _____

② 이 냉면집은 삼대째 (되물림 / 대물림)되어 온 전통 있는 가게다.

→ _____

'결정하지 못하고 머뭇거리다'라는 뜻의 '서슴다'에 '-지'가 붙은 모양이기 때문에 '서슴치'가 아니라 '서슴지'가 되어야 해요. '서슴지 않다'는 '망설이지 않고 말이나 행동을 하다'라는 뜻이에요.

 **1단계 따라 써요** 아래 글상자에 있는 단어를 따라 쓰세요.

엄마는 나한테 고민이 있으면 | 서 | 슴 | 지 | 말고 말해 보라고 하셨다.

 **2단계 골라 써요** 다음 중 맞는 것에 ○하고 문장을 다시 쓰세요.

① 현중이는 학급을 돕는 일에 (서슴지 / 서슴치) 않는다.

→ --

② 민재는 (서슴치 / 서슴지) 않고 선생님 앞으로 걸어갔다.

→ --

'꽤 넓다'라는 뜻을 지닌 '널따랗다'는 '넓다'에서 왔기 때문에 '넓다랗다'나 '넙따랗다'로 쓴다고 생각할 수 있어요. 하지만 그 소리가 [널따라타]로 나기 때문에 '널따랗다'라고 써야 해요.

 아래 글상자에 있는 단어를 따라 쓰세요.

멋진 카페 옆에는 | 널 | 따 | 랗 | 게 | 펼쳐진 정원이 있었다.

 다음 중 맞는 것에 ○하고 문장을 다시 쓰세요.

① 우리 학교 운동장은 (널따랗다 / 넙따랗다).

→

② 우리는 학교 옆 (넙따란 / 널따란) 놀이터에서 술래잡기를 했다.

→

5주 차 1일 68

'아지랑이'는 '주로 봄날 햇빛이 강하게 쬘 때 공기가 공중에서 아른아른 움직이는 모습'을 가리키는 말이에요. 예전에는 '아지랑이'와 '아지랭이'가 모두 표준어였으나 지금은 '아지랑이'만을 표준어로 인정하고 있어요.

아지랑이

아지랭이

 **1단계 따라 써요** 아래 글상자에 있는 단어를 따라 쓰세요.

아스팔트 위로 | 아 | 지 | 랑 | 이 | 가 피어오르고 있다.

 **2단계 골라 써요** 다음 중 맞는 것에 ○하고 문장을 다시 쓰세요.

① 봄이 되면 (아지랑이 / 아지랭이)가 가물거리는 모습을 볼 수 있어서 좋다.

→

② 아른아른 (아지랭이 / 아지랑이)가 피어오르는 모습이 매우 예뻤다.

→

5주 차 2일 69

'여태'라는 부사를 알고 있나요? '지금까지', '아직까지'라는 뜻이에요. 그리고 '여태껏'은 '여태'를 강조해 사용하는 말이에요. 따라서 '여지껏'은 바른 말이 아니에요.

 **1단계 따라 써요** 아래 글상자에 있는 단어를 따라 쓰세요.

온종일 책만 읽었는데도 | 여 | 태 | 껏 | 얼마 못 읽었다.

 2단계 골라 써요 다음 중 맞는 것에 ○하고 문장을 다시 쓰세요.

① (여태껏 / 여지껏) 나만 그 사실을 모르고 있었단 사실에 화가 났다.

→

② 은우는 (여지껏 / 여태껏) 세은이를 기다렸다.

→

5주 차 2일 70

'손으로 움켜쥘 만한 분량을 세는 단위'를 나타내는 말은 '웅큼'이 아니라 '움큼'이에요. 따라서 '손으로 한 번 움켜쥘 만한 분량'은 '한 움큼'으로 표현한다는 걸 알아두세요.

한 움큼 ⭕ — 한 웅큼 ❌

1단계 따라 써요 아래 글상자에 있는 단어를 따라 쓰세요.

그는 해변에서 모래 │ 한 │ 움 │ 큼 │ 을 집어 바다에 던졌다.

2단계 골라 써요 다음 중 맞는 것에 ○하고 문장을 다시 쓰세요.

① 선생님께서 사탕을 (한 움큼 / 한 웅큼) 집어 나에게 주셨다.

→

② 할머니께서 보리쌀 (한 웅큼 / 한 움큼)을 밥솥에 넣으셨다.

→

5주 차 2일 71

무언가를 못 열도록 자물쇠 같은 걸 채우는 걸 '잠그다'라고 해요. 물을 잠글 때도 '잠그다'를 사용하지요. 참고로 '잠그다'의 과거형은 '잠갔다'라는 것도 알아두세요.

 **1단계 따라 써요** 아래 글상자에 있는 단어를 따라 쓰세요.

자물쇠가 너무 낡아서 　잠　그　기　 어려웠다.

 **2단계 골라 써요** 다음 중 맞는 것에 ○하고 문장을 다시 쓰세요.

① 수도꼭지를 (잠그지 / 잠구지) 않아 욕조에 물이 넘치기 직전이었다.

→ _____

② 외출하기 전에 가스 밸브 (잠구는 / 잠그는) 것을 잊지 말아야 한다.

→ _____

5주 차 2일 72

'귓불'과 '귓볼', 친구들이 정말 자주 틀리는 맞춤법이에요. '귓바퀴 아래에 있는 도톰한 살'을 가리키는 올바른 말은 '귓불'이에요. 뺨에 있는 '볼'을 떠올려서 '귓볼'이라고 쓰지 않도록 주의하세요.

귓불

귓볼

 **1단계 따라 써요** 아래 글상자에 있는 단어를 따라 쓰세요.

나는 너무 부끄러워서 | 귓 | 불 | 까지 빨개졌다.

 **2단계 골라 써요** 다음 중 맞는 것에 ○하고 문장을 다시 쓰세요.

① 현수가 내 (귓볼 / 귓불)을 살짝 잡아당기며 말했다.

→ --

② 혜원이는 "앗 뜨거워!"라고 말하며 (귓볼 / 귓불)에 손을 갖다 댔다.

→ --

5주차 3일 확인 문제 9

1~4 괄호 안에서 맞춤법이 올바르게 쓰인 단어를 골라 ○하세요.

1. (아지랭이 / 아지랑이)가 아롱거린다.

2. 주희는 그 사실을 알면서도 (여태껏 / 여지껏) 모르는 척했다.

3. 나는 옷을 입고 단추를 (잠궜다 / 잠갔다).

4. 채원이는 방울토마토를 (한 움큼 / 한 웅큼) 집었다.

5~8 왼쪽 단어들을 바르게 고쳐 빈칸에 쓰세요.

5. 넙따랗다 →

6. 서슴치 않다 →

7. 귓볼 →

8. 되물림 →

9~12 아래 문장에서 밑줄 친 부분을 맞춤법에 맞게 바르게 고쳐 쓰세요.

⑨ 우리 집 옆에는 <u>넙따란</u> 공원이 있다.　→ _____

⑩ 그는 문을 <u>잠구지</u> 말라고 했다.　→ _____

⑪ 지원이는 위험한 행동을 <u>서슴치</u> 않고 한다.　→ _____

⑫ 채원이는 오후에 나가 <u>여지껏</u> 소식이 없다.　→ _____

13~16 해당하는 단어의 뜻을 추측하여 빈칸에 알맞은 단어를 써 넣으세요.

⑬ 가난을 _____ 해주고 싶어 하는 부모는 없다.
　　　후손이 가업을 물려받아 이어가는 것

⑭ 은찬이는 과자를 주머니 속에 _____ 집어넣었다.
　　　　　　　　　　　손으로 한 번 움켜쥘 만한 분량

⑮ 멀리서 _____ 가 아른댄다.
　　봄날 공기가 아른아른 움직이는 것

⑯ 형이 내 _____ 을 살짝 잡아당겼다.
　　　귓바퀴 아래에 있는 살

17~20 다음 빈칸에 알맞은 단어를 <보기>에서 골라 쓰세요.

> 보기 ❶ 아지랭이/아지랑이   ❶ 귓불/귀볼   ❶ 잠궜다/잠갔다   ❷ 널따란/넙따란

❶ □□□□ 때문에 사람들의 모습이 흐릿하게 보인다.

❶ 내 동생의 □□ 에는 솜털이 보송하다.

❶ 수돗물이 넘쳐서 얼른 수도꼭지를 □□□ .

❷ 학교 가는 길에 □□□ 테니스장이 있다.

21~24 다음 중 맞춤법에 맞게 고친 것에 ○, 틀리게 고친 것에 ✕하세요.

❷ 서슴치 않다 → 서슴찌 않다   (   )

❷ 한 웅큼 → 한 옹큼   (   )

❷ 되물림 → 대물림   (   )

❷ 여지껏 → 여직껏   (   )

10장

알쏭달쏭! 헷갈리는 두 단어 3

73 내로라하다 | 내노라하다
74 귀띔 | 귀띰
75 꼭짓점 | 꼭지점
76 찌개 | 찌게
77 느지막하다 | 느즈막하다
78 발자국 | 발자욱
79 설렘 | 설레임
80 통째로 | 통채로

5주 차 4일 73

'내로라하다'는 '어떤 분야를 대표할 만하다'라는 뜻을 가진 말이에요. 많은 사람들이 '내노라하다'로 헷갈리는 경우가 많은데 표준어는 '내로라하다'라는 걸 알아두세요.

내로라하다 / 내노라하다

1단계 따라 써요 아래 글상자에 있는 단어를 따라 쓰세요.

나는 커서 세계에서 | 내 | 로 | 라 | 하 | 는 | 건축가가 되고 싶다.

2단계 골라 써요 다음 중 맞는 것에 ○하고 문장을 다시 쓰세요.

① 공연장에는 (내로라하는 / 내노라하는) 뮤지컬 배우들이 많이 있었다.

→ --

② 나는 어렸을 때 (내노라하는 / 내로라하는) 장난꾸러기였다.

→ --

귀띔, 귀뜸, 귀띰. 헷갈리죠? '슬쩍 알려주다'라는 뜻을 지닌 '귀띔하다'라는 동사에서 나온 '귀띔'이 표준어예요. 표준어 규정에서는 의미 차이가 없을 때, 가장 널리 사용되는 걸 표준어로 정하고 있어요.

1단계 따라 써요 아래 글상자에 있는 단어를 따라 쓰세요.

무슨 일이 있었으면 나에게 먼저 귀 띔 을 해줬어야 했다.

2단계 골라 써요 다음 중 맞는 것에 ○하고 문장을 다시 쓰세요.

① 준호가 조심하라고 (귀띔해 / 귀띰해) 준 덕분에 나는 다치지 않았다.

→

② 아빠는 나에게 이번 생일에 좋은 일이 있을 거라고 (귀띔해 / 귀뜸해) 주셨다.

→

5주 차 4일
75

꼭짓점은 '꼭지'에 '점'이 합쳐진 말이에요. [꼭찓쩜]으로 발음하고, '꼭지'와 '점' 사이에 '사이시옷(ㅅ)'이 들어간다는 걸 알아두세요.

 **1단계 따라 써요** 아래 글상자에 있는 단어를 따라 쓰세요.

오늘 수학 시간에 | 꼭 | 짓 | 점 | 에 대해 배웠다.

 **2단계 골라 써요** 다음 중 맞는 것에 ○하고 문장을 다시 쓰세요.

① 삼각형은 (꼭지점 / 꼭짓점)이 세 개다.

→ ....

② 삼각형과 사각형의 (꼭지점 / 꼭짓점)의 수를 모두 합하면 7이다.

→ ....

5주 차 4일 76

'ㅐ'와 'ㅔ'의 발음이 비슷해서 '찌개'를 '찌게'로 잘못 쓰는 경우가 많아요. '찌다'라는 동사에 접미사 '-개'를 붙여 '찌개'라고 쓴다는 걸 기억해 주세요. 참고로 '지우다'에 '-개'가 붙어 '지우개', '날다'에 '-개'가 붙어 '날개'가 되는 거예요.

1단계 따라 써요  아래 글상자에 있는 단어를 따라 쓰세요.

우리 엄마는 된장 찌 개 를 아주 좋아하신다.

2단계 골라 써요  다음 중 맞는 것에 ○하고 문장을 다시 쓰세요.

① 지아는 문구점에 가서 (지우개 / 지우게)를 샀다.

→ _____

② 독수리가 (날게 / 날개)를 펴고 날아가는 모습이 너무 멋있었다.

→ _____

5주 차 5일 77

시간이나 기한이 많이 늦었을 때 '느지막하다'라는 말을 쓰죠? '느지막'과 '느즈막' 사이에서 헷갈리는 경우가 많은데 '느즈막'이라는 말은 표준어가 아니에요. 이와 마찬가지로 '느지막이'도 '느즈막이'로 쓰지 않도록 주의하세요.

느지막하다 ○ ── × 느즈막하다

1단계 따라 써요 아래 글상자에 있는 단어를 따라 쓰세요.

그 시간에는 차가 막혀서 ┌느┬지┬막┬하┬게┐ 출발하기로 했다.

2단계 골라 써요 다음 중 맞는 것에 ○하고 문장을 다시 쓰세요.

① 우리는 점심을 (느지막하게 / 느즈막하게) 먹기로 했다.

→

② 진주는 (느즈막이 / 느지막이) 일어나서 외출 준비를 했다.

→

'발로 밟고 지나간 자리에 남아 있는 모양'을 '발자국'이라고 해요. 간혹 노래 가사 등에서 '발자욱'으로 사용되는 경우가 있지만 '발자욱'은 표준어가 아니에요.

 **1단계 따라 써요** 아래 글상자에 있는 단어를 따라 쓰세요.

소복하게 쌓인 눈길 위에 내 | 발 | 자 | 국 | 이 가장 먼저 새겨졌다.

 **2단계 골라 써요** 다음 중 맞는 것에 ○하고 문장을 다시 쓰세요.

① 나는 문 앞에서 몇 (발자국 / 발자욱) 떨어진 곳에서 기다렸다.

→

② 사냥꾼은 멧돼지의 (발자욱 / 발자국)을 따라 산에 오르기 시작했다.

→

5주 차 5일 79

'설레이다'라는 동사를 명사로 바꿔 '설레임'이라고 쓴다고 생각할 수 있어요. 하지만 이는 표준어가 아니어서 '설레이다'는 '설레다'로, '설레임'은 '설렘'으로 써야 해요. '설레다'가 '마음이 두근거리다'라는 뜻인 건 이미 알고 있죠?

1단계 따라써요 아래 글상자에 있는 단어를 따라 쓰세요.

택배를 기다리는 선영이의 얼굴에는 | 설 | 렘 | 이 가득했다.

2단계 골라 써요 다음 중 맞는 것에 ○하고 문장을 다시 쓰세요.

① 세호는 어제 너무 (설레이는 / 설레는) 바람에 한숨도 자지 못했다.

→ _____

② 나는 이번 주말에 가족들과 캠핑갈 생각에 마음이 (설렌다 / 설레인다).

→ _____

'나누지 않은 하나의 덩어리'를 가리킬 때는 '통째'라는 말을 사용해요. '통째로'는 '통째'에서 온 부사고요. 접미사 '-째'는 전부를 가리킬 때 쓰는데, '껍질째 먹는다', '뿌리째 먹는다'처럼 쓰여요.

 **1단계 따라 써요** 아래 글상자에 있는 단어를 따라 쓰세요.

내가 가장 좋아하는 음식은 닭을 통 째 로 구운 오븐구이 통닭이다.

 **2단계 골라 써요** 다음 중 맞는 것에 ○하고 문장을 다시 쓰세요.

① 우리 할머니는 사과를 (껍질채 / 껍질째) 드신다.

→ _____

② 어젯밤 태풍으로 나무가 (뿌리째 / 뿌리채) 뽑힌 곳도 있었다.

→ _____

5주차 6일 확인 문제 10

1~4 괄호 안에서 맞춤법이 올바르게 쓰인 단어를 골라 ○하세요.

❶ 사각형에는 (꼭짓점 / 꼭지점)이 네 개 있다.

❷ 우리는 김치(찌게/ 찌개)와 계란말이를 먹었다.

❸ 태준이는 커다란 사탕을 (통채로 / 통째로) 삼켰다.

❹ 놀이공원에 간다는 (설렘 / 설레임)에 가슴이 뛰었다.

5~8 왼쪽 단어들을 바르게 고쳐 빈칸에 쓰세요.

❺ 발자욱 →

❻ 귀띰 →

❼ 내노라하다 →

❽ 느즈막하다 →

9~12 아래 문장에서 밑줄 친 부분을 맞춤법에 맞게 바르게 고쳐 쓰세요.

⑨ 일찍 오지 말고 <u>느즈막하게</u> 오세요. → _____

⑩ 그들은 우리나라의 <u>내노라하는</u> 축구선수들이다. → _____

⑪ 어머니는 닭을 <u>통채로</u> 삶으셨다. → _____

⑫ 선생님께서는 오늘 발표에 대해 <u>귀띰해</u> 주셨다. → _____

13~16 해당하는 단어의 뜻을 추측하여 빈칸에 알맞은 단어를 써 넣으세요.

⑬ 오각형에서 _____ 을 찾는 건 매우 쉽다.
　　　　각을 이루는 두 개의 변이 만나는 점

⑭ 여행 가는 길은 언제나 _____ 이 앞선다.
　　　　마음이 두근거리는 느낌

⑮ 너무 무서워서 한 _____ 도 움직일 수 없었다.
　　　　발로 밟은 곳에 남아 있는 모양

⑯ 우리 어머니가 끓여 주신 된장 _____ 가 가장 맛있다.
　　　　냄비에 양념 등을 넣어 끓인 반찬

확인 문제 10　**129**

17~20 다음 빈칸에 알맞은 단어를 〈보기〉에서 골라 쓰세요.

> 보기 ⑰ 찌개/찌게   ⑱ 발자국/발자욱   ⑲ 내노라하는/내로라하는   ⑳ 통째로/통채로

⑰ 할머니께서는 나를 위해 ☐☐ 를 새로 끓이셨다.

⑱ 눈 위에 첫 번째로 나의 ☐☐☐ 을 찍었다.

⑲ 승혁이는 우리 반에서 ☐☐☐☐☐ 개구쟁이다.

⑳ 재호는 새우를 ☐☐☐ 씹어먹었다.

21~24 다음 중 맞춤법에 맞게 고친 것에 ○, 틀리게 고친 것에 ✕하세요.

㉑ 귀띰 → 귀띔   (   )

㉒ 설레임 → 설렘   (   )

㉓ 꼭지점 → 꼭짖점   (   )

㉔ 느즈막하다 → 느지막하다 (   )

11장

알쏭달쏭! 헷갈리는 두 단어 4

81 주스 | 쥬스
82 떡볶이 | 떡뽁이
83 인사말 | 인삿말
84 폭발 | 폭팔
85 건드리다 | 건들이다
86 움츠리다 | 움추리다
87 빈털터리 | 빈털털이
88 드러나다 | 들어나다

6주 차 1일 — 81

외래어가 '쟈, 져, 죠, 져, 쥬'로 발음된다면 우리말로는 '자, 저, 조, 저, 주'로 써야 해요. '텔레비전'이나 '저글링' 같은 것도 비슷한 사례예요. '쥬스'가 아닌 '주스', '져글링'이 아닌 '저글링', '텔레비젼'이 아닌 '텔레비전'이 맞아요.

1단계 따라 써요 아래 글상자에 있는 단어를 따라 쓰세요.

나는 엄마와 카페에서 생과일 주 스 를 마셨다.

2단계 골라 써요 다음 중 맞는 것에 ○하고 문장을 다시 쓰세요.

① 서커스 속 (져글링 / 저글링) 묘기는 언제 봐도 아슬아슬하다.

→

② 우리 아빠는 (텔레비전 / 텔레비젼)으로 야구 경기를 자주 보신다.

→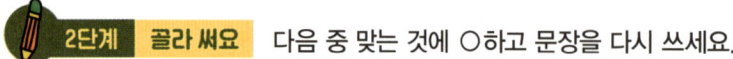

떡뽁이? 떡복기? 떡볶기? 많이 헷갈리죠? 그런데 '떡볶이'가 올바른 표현이에요. 헷갈릴 때는 '볶다'라는 동사에 접미사 '-이'를 붙인 '볶이'라는 음식을 떠올려 보세요. '라볶이', '고추장볶이'처럼요.

1단계 따라 써요 아래 글상자에 있는 단어를 따라 쓰세요.

민아는 | 떡 | 볶 | 이 | 국물이 옷에 묻는지도 모르고 순식간에 먹어버렸다.

2단계 골라 써요 다음 중 맞는 것에 ○하고 문장을 다시 쓰세요.

① 지민이가 나에게 학교 수업이 끝난 후 (떡볶이 / 떡볶기)를 먹자고 했다.

→

② 나는 매콤달콤한 (라뽁이 / 라볶이)를 좋아한다.

→

6주 차 1일 83

인사말은 [인산말]이 아니라 [인사말]로 발음해야 해요. 그래서 '사이시옷(ㅅ)'을 넣지 않아요. '머리말', '반대말'에도 사이시옷이 들어가지 않죠. [인삿말], [머릿말], [반댓말]로 발음하지 않도록 주의하세요.

1단계 따라 써요 아래 글상자에 있는 단어를 따라 쓰세요.

나는 일본어로 간단한 | 인 | 사 | 말 |을 할 수 있다.

2단계 골라 써요 다음 중 맞는 것에 ○하고 문장을 다시 쓰세요.

① '춥다'의 (반댓말 / 반대말)은 '덥다'이다.

→

② 나는 책을 읽을 때 (머릿말 / 머리말)을 자세히 읽는 편이다.

→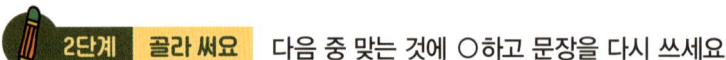

'폭발'은 '불이 일어나며 갑작스럽게 터짐', '속에 쌓여 있던 감정이 일시에 세찬 기세로 나옴'이라는 뜻이에요. '폭파'라는 단어가 있어서 '폭팔'로 헷갈릴 수 있어요. 하지만 올바른 표현은 '폭발'이고, [폭빨]이라고 발음해요.

 아래 글상자에 있는 단어를 따라 쓰세요.

그동안 참아왔던 지영이의 슬픈 감정이 한순간에 　폭　발　 했다.

 다음 중 맞는 것에 ○하고 문장을 다시 쓰세요.

① 화산 (폭팔 / 폭발)로 인해 화산재가 도시를 가득 채웠다.

→

② 친구들의 불만이 머지않아 곧 (폭발 / 폭팔)할 것 같았다.

→

'건드리다'의 준말인 '건들다' 때문에 '건들이다'를 올바른 표현으로 잘못 생각하는 경우가 있어요. 발음도 서로 비슷해서 더 헷갈리죠? 하지만 '건들이다'라는 말은 없으며, '건드리다'가 바른 표현이에요.

1단계 따라 써요 아래 글상자에 있는 단어를 따라 쓰세요.

그의 자존심을 | 건 | 드 | 리 | 자 | 그는 불같이 화를 냈다.

2단계 골라 써요 다음 중 맞는 것에 ○하고 문장을 다시 쓰세요.

① 다른 사람의 물건을 함부로 (건들여서는 / 건드려서는) 안 된다.

→ _____

② 우리 누나가 화났을 때는 (건드리지 / 건들이지) 않는 게 좋다.

→ _____

'움츠리다'는 '몸을 오그려 작아지게 하다', '겁을 먹거나 위압감 때문에 기가 꺾이거나 풀이 죽다'라는 뜻을 가진 말이에요. 종종 '움추리다'라고 쓰는 경우가 있는데 이는 잘못된 표기예요.

1단계 따라 써요 아래 글상자에 있는 단어를 따라 쓰세요.

나는 지난주에 했던 실수 때문에 요 며칠 　움　츠　린　 채 살고 있다.

2단계 골라 써요 다음 중 맞는 것에 ○하고 문장을 다시 쓰세요.

① 아버지의 호통에 기영이는 어깨를 (움추렸다 / 움츠렸다).

② 날씨가 너무 추워서 나는 몸을 (움추리고 / 움츠리고) 다녔다.

6주 차 2일 87

'빈털터리'는 '아무것도 가진 게 없는 가난뱅이가 된 사람'을 가리키는 말이에요. '빈털털이'라고 쓴다고 생각할 수 있지만 이는 잘못된 표기이고, [빈털터리]라고 소리 나는 대로 써야 해요.

1단계 따라 써요 아래 글상자에 있는 단어를 따라 쓰세요.

그는 젊었을 때는 | 빈 | 털 | 터 | 리 | 였지만, 노년에는 큰 부를 이루었다.

2단계 골라 써요 다음 중 맞는 것에 ○하고 문장을 다시 쓰세요.

① 그녀는 평생을 (빈털터리 / 빈털털이)로 살 순 없다고 생각했다.

→ _____

② 그는 가진 것을 모두 빼앗기고 (빈털털이 / 빈털터리)가 되어 쫓겨났다.

→ _____

우리말에 '들어나다'라는 말은 없어요. '물건을 들어 밖으로 옮기다'라는 뜻을 가진 '들어내다'라는 말은 있지만요. '보이지 않던 것이 보이거나 알려지지 않았던 사실이 알려지다'라는 뜻을 가진 말은 '드러나다'예요.

 아래 글상자에 있는 단어를 따라 쓰세요.

날이 밝자 어둠 속에 감춰져 있던 그의 얼굴이 　드　러　났　다　.

 다음 중 맞는 것에 ○하고 문장을 다시 쓰세요.

① 그동안 그가 지은 죄가 낱낱이 (들어났다 / 드러났다).

→ _____

② 올해 가뭄이 심해서 저수지 바닥이 다 (들어났다 / 드러났다).

→ _____

6주 차 3일 확인 문제 11

1~4 괄호 안에서 맞춤법이 올바르게 쓰인 단어를 골라 ○하세요.

❶ 이 상황이 계속된다면 너는 (빈털털이 / 빈털터리)가 되고 말 것이다.

❷ 그는 그만 친구의 비위를 (건드리고 / 건들이고) 말았다.

❸ 나는 순대보다 (떡뽁이 / 떡볶이)를 더 좋아한다.

❹ 화산 (폭팔 / 폭발)로 인해 많은 재산 피해가 있었다.

5~8 왼쪽 단어들을 바르게 고쳐 빈칸에 쓰세요.

❺ 쥬스 →

❻ 인삿말 →

❼ 움추리다 →

❽ 들어나다 →

9~12 아래 문장에서 밑줄 친 부분을 맞춤법에 맞게 바르게 고쳐 쓰세요.

⑨ 나는 너무 추워서 목을 <u>움추렸다</u>. → _____

⑩ 나는 <u>떡뽁이</u> 3인분 정도는 먹는다. → _____

⑪ 그가 그동안 거짓말했다는 사실이 <u>들어났다</u>. → _____

⑫ 그는 자신의 물건을 <u>건들이지</u> 말라고 했다. → _____

13~16 해당하는 단어의 뜻을 추측하여 빈칸에 알맞은 단어를 써 넣으세요.

⑬ 돈을 함부로 쓰던 그는 결국 _____ 가 되고 말았다.
　　　　　　　　　　　　　재산이 없는 가난뱅이

⑭ 미진이는 _____ 대신 웃으며 손을 흔들었다.
　　　　　인사로 하는 말

⑮ 가스 _____ 사고로 사람들이 대피했다.
　　　불이 나면서 갑자기 터지는 것

⑯ 나는 매일 아침 사과 _____ 를 한 잔 마신다.
　　　　　　　　　　　　과일이나 채소로 만들어진 즙

17~20 다음 빈칸에 알맞은 단어를 〈보기〉에서 골라 쓰세요.

> 보기 ⑰ 빈털터리/빈털털이   ⑱ 인삿말/인사말   ⑲ 폭팔/폭발   ⑳ 떡뽁이/떡볶이

⑰ 그는 생각 없이 돈을 마구 써서 ☐☐☐☐ 가 되었다.

⑱ 교장 선생님의 간단한 ☐☐☐ 이 있었다.

⑲ 화산이 ☐☐ 하기 전에 사람들이 대피했다.

⑳ ☐☐☐ 에 라면을 넣은 라볶이가 이 분식집의 인기 메뉴다.

21~24 다음 중 맞춤법에 맞게 고친 것에 ○, 틀리게 고친 것에 ✕하세요.

㉑ 쥬스 → 주스   (   )

㉒ 움추리다 → 움츄리다   (   )

㉓ 들어나다 → 드러나다   (   )

㉔ 건들이다 → 건드리다   (   )

12장

알쏭달쏭! 헷갈리는 두 단어 5

89 며칠 | 몇 일

90 설거지 | 설겆이

91 희한하다 | 희안하다

92 안쓰럽다 | 안스럽다

93 일부러 | 일부로

94 구시렁거리다 | 궁시렁거리다

95 널브러지다 | 널부러지다

96 요새 | 요세

'오늘이 몇 월 몇 일이지?'라고 써야 할 것 같지만, '몇 월'은 맞고 '몇 일'은 틀린 말이에요. '몇 일'이라는 표현은 없어요. [며칠]로 소리 나는 '며칠'이 올바른 표현이라는 걸 알아두세요.

 아래 글상자에 있는 단어를 따라 쓰세요.

우리 가족은 그 호텔에 　며 칠 　동안 머물렀다.

 다음 중 맞는 것에 ○하고 문장을 다시 쓰세요.

① 세영이는 몸이 아파서 학교에 (몇 일 / 며칠) 결석했다.

→

② 그는 과학 탐구보고서를 끝내는 데 (며칠 / 몇 일) 걸렸다.

→

6주 차 4일 90

'음식을 먹고 난 뒤의 그릇을 씻어 정리하는 일'을 나타내는 말은 '설거지'예요. 종종 '설겆이'로 잘못 쓰는 경우가 있는데 '설거지'가 바른 표현이에요.

1단계 따라 써요 아래 글상자에 있는 단어를 따라 쓰세요.

나는 그릇을 달그락거리면서 | 설 | 거 | 지 | 를 했다.

2단계 골라 써요 다음 중 맞는 것에 ○하고 문장을 다시 쓰세요.

① 엄마는 청소를 하시고 아빠는 (설겆이 / 설거지)를 하셨다.

→

② (설겆이 / 설거지)를 끝내고, 우리는 영화를 보러 가기로 했다.

→

6주 차 4일 91

'희한하다'는 '매우 드물거나 신기하다'라는 뜻을 가진 형용사예요. [히한하다]로 발음해야 하는데, 많은 사람이 [히안하다]로 발음하다 보니 쓸 때도 '희안하다'로 쓰는 경우가 있어요. 하지만 '희안하다'는 없는 말이에요.

1단계 따라 써요 아래 글상자에 있는 단어를 따라 쓰세요.

그 영화에 나온 동물은 너무 | 희 | 한 | 하 | 게 | 생겼다.

2단계 골라 써요 다음 중 맞는 것에 ○하고 문장을 다시 쓰세요.

① 사람들은 처음 본 그 (희안한 / 희한한) 물건에 대해 이야기했다.

→

② 민준이는 낮잠을 자다가 (희안한 / 희한한) 꿈을 꾸었다.

→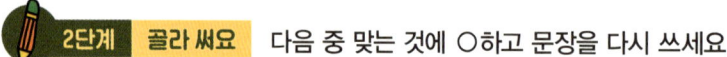

한글맞춤법에는 [안쓰럽다]처럼 발음할 때 된소리가 나면 쓸 때도 된소리로 적는다고 되어 있어요. 그러므로 '안쓰럽다'로 써야 해요. 하지만 '쑥스럽다'는 예외 원칙이 적용되어 '쑥쓰럽다'가 아니라 '쑥스럽다'로 써야 해요.

안쓰럽다 ↔ 안스럽다

 **1단계 따라 써요** 아래 글상자에 있는 단어를 따라 쓰세요.

나는 다친 손으로 젓가락질하는 형의 모습이 | 안 | 쓰 | 러 | 워 | 보였다.

 **2단계 골라 써요** 다음 중 맞는 것에 ○하고 문장을 다시 쓰세요.

① 동생이 아픈 모습을 보니 나는 (안스러운 / 안쓰러운) 마음이 들었다.

→ _____

② 학기 초에는 (쑥스러워하던 / 쑥쓰러워하던) 아이들이 이제는 많이 친해졌다.

→ _____

6주 차 5일 93

'일부러'는 '어떤 생각이나 마음을 가지고', '알면서도 마음을 숨기고'라는 뜻이에요. 종종 '일부로'라고 쓰는 경우도 있는데 이는 잘못된 표기이고, '일부러'가 바른 표현이에요.

1단계 따라 써요 아래 글상자에 있는 단어를 따라 쓰세요.

민주는 나를 놀라게 하려고 [일][부][러] 아픈 체했다.

2단계 골라 써요 다음 중 맞는 것에 ○하고 문장을 다시 쓰세요.

① 수아는 그 말을 들었지만 (일부로 / 일부러) 못 들은 척했다.

→ _____

② 나는 주희가 화가 난 것을 알면서도 (일부러 / 일부로) 모르는 체했다.

→ _____

'구시렁거리다'는 '못마땅하여 잔소리나 군소리를 자꾸 되풀이하다'라는 뜻이에요. 흔히 '궁시렁거리다'라고 쓰는 경우가 많은데 이는 올바른 표현이 아니며, 표준어는 '구시렁거리다'예요.

1단계 따라 써요 아래 글상자에 있는 단어를 따라 쓰세요.

비가 와서 소풍을 가지 못한 동생은 자꾸 | 구 | 시 | 렁 | 거 | 렸 | 다 | .

2단계 골라 써요 다음 중 맞는 것에 ○하고 문장을 다시 쓰세요.

① 그는 못마땅해서 혼자 (구시렁거렸다 / 궁시렁거렸다).

→

② 화가 난 은호는 (구시렁거리며 / 궁시렁거리며) 그림을 그렸다.

→

6주 차 5일 95

'널브러지다'는 '너저분하게 흐트러지다', '몸에 힘이 빠져 몸을 추스르지 못하고 축 늘어지다'라는 뜻이에요. 소리가 [널부러지다]로 나서 자주 틀리는 단어죠. '널부러지다'는 없는 단어이므로 '널부러져'라는 단어도 없어요.

1단계 따라 써요 아래 글상자에 있는 단어를 따라 쓰세요.

친구의 책상 위에 학용품들이 어지럽게 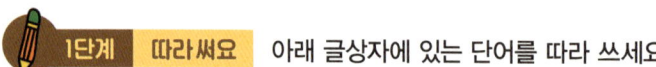 있었다.

2단계 골라 써요 다음 중 맞는 것에 ○하고 문장을 다시 쓰세요.

① 집 안의 물건들이 어수선하게 (널브러져 / 널부러져) 있었다.

→

② 아이들은 힘이 빠져 바닥에 (널부러져 / 널브러져) 앉아 있었다.

→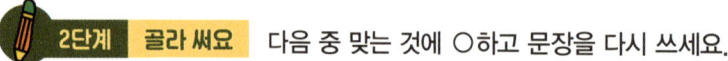

'요새'는 '요사이'의 준말이에요. '요즘'이라는 뜻이죠. '요세'는 '요새'를 잘못 쓴 말이에요. 참고로 '요새'와 '요세'처럼 헷갈리는 맞춤법이 '금세'와 '금새'인데, '금세'가 올바른 표현이에요. '금세'는 '금시에'의 준말이에요.

요새

요세

1단계 따라써요 아래 글상자에 있는 단어를 따라 쓰세요.

여름이 되어서 그런지 할머니는 　요　새　 입맛이 없다고 하신다.

2단계 골라 써요 다음 중 맞는 것에 ○하고 문장을 다시 쓰세요.

① 우리 가족은 (요세 / 요새) 저녁을 먹고 나서 공원을 산책한다.

→

② 창수는 (요새 / 요세)도 작년에 같은 반이었던 친구들과 자주 논다.

→

6주차 6일 확인 문제 12

1~4 괄호 안에서 맞춤법이 올바르게 쓰인 단어를 골라 ○하세요.

❶ 내가 (일부로 / 일부러) 친구와 부딪친 건 아니다.

❷ 우리는 (몇 일 / 며칠) 동안 아무 말도 하지 않았다.

❸ (요새 / 요세)는 책을 읽고 싶은 마음이 통 없다.

❹ 저녁을 먹은 다음 그릇을 (설겆이 / 설거지)통에 넣었다.

5~8 왼쪽 단어들을 바르게 고쳐 빈칸에 쓰세요.

❺ 희안하다 →

❻ 궁시렁거리다 →

❼ 널부러지다 →

❽ 안스럽다 →

9~12 아래 문장에서 밑줄 친 부분을 맞춤법에 맞게 바르게 고쳐 쓰세요.

9 이번 주에는 <u>희안한</u> 일이 많았다. → _____

10 교실 이곳저곳에 쓰레기가 <u>널부러져</u> 있었다. → _____

11 나는 <u>요세</u> 기분이 좋지 않다. → _____

12 형은 불만이 가득 찬 얼굴로 계속 <u>궁시렁거렸다</u>. → _____

13~16 해당하는 단어의 뜻을 추측하여 빈칸에 알맞은 단어를 써 넣으세요.

13 주방에서 _____ 를 하는 소리가 들렸다.
　　　　음식을 다 먹은 후 그릇을 씻는 일

14 나는 친구를 놀리기 위해 _____ 아픈 척을 했다.
　　　　　　　　　　　어떠한 생각이나 의도를 가지고

15 나는 _____ 전부터 기침하기 시작했다.
　　　　몇 날

16 친구가 아파하는 모습을 보니 _____ .
　　　　　　　　　다른 사람의 처지가 마음이 아프다

17~20 다음 빈칸에 알맞은 단어를 〈보기〉에서 골라 쓰세요.

> 보기 ⑰ 설거지/설겆이   ⑱ 몇 일/며칠   ⑲ 요새/요세   ⑳ 일부로/일부러

⑰ 우리 집에서는 가족들이 돌아가며 ☐☐☐ 를 한다.

⑱ 나는 ☐☐ 동안 고기를 먹지 못했다.

⑲ 유주는 ☐☐ 발레를 배우고 있다.

⑳ 나는 기분이 상해서 언니의 말을 ☐☐☐ 못 들은 척했다.

21~24 다음 중 맞춤법에 맞게 고친 것에 ○, 틀리게 고친 것에 ✕하세요.

㉑ 희안하다 → 희한하다   (   )

㉒ 널부러지다 → 널부로지다   (   )

㉓ 궁시렁거리다 → 구시렁거리다   (   )

㉔ 안스럽다 → 안쓰럽다   (   )

13장
알쏭달쏭! 헷갈리는 쌍받침·겹받침 1

97 겪다 | 격다
98 넋 | 넉
99 끼얹다 | 끼언다
100 끓다 | 끈다
101 귀찮다 | 귀찬다
102 굵다 | 국다
103 핥다 | 할다
104 읊다 | 읍다

'ㄲ, ㅆ'처럼 같은 자음이 겹친 받침을 '쌍받침'이라고 해요. 쌍받침 'ㄲ'이 들어간 '겪다'는 [격따]로 발음되어도 쓸 때는 '겪다'로 써야 해요. '겪다'는 '어렵거나 경험이 될 만한 일을 치르다', '사람을 사귀어 지내다'라는 뜻이에요. 쌍받침 'ㄲ'이 들어간 단어에는 '낚다', '닦다', '묶다' 등도 있어요.

 **따라 써요** 아래 글상자에 있는 단어를 따라 쓰세요.

그 책에서 주인공은 힘든 일을 겪 을 수 록 점점 용감해졌다.

 **골라 써요** 다음 중 맞는 것에 ○하고 문장을 다시 쓰세요.

① 어선들은 고기를 (낚으러 / 낙으러) 먼바다로 나갔다.

→ _____

② 주희는 신발 끈이 풀리지 않도록 단단하게 (묶었다 / 묵었다).

→ _____

'ㄳ, ㄵ, ㄶ…'처럼 다른 자음이 겹친 받침을 '겹받침'이라고 해요. 겹받침 'ㄳ'이 들어간 '넋'은 [넉]으로 발음되어도 쓸 때는 '넋'으로 써야 해요. '넋'은 '사람의 정신이나 마음'을 가리키는 명사예요. 겹받침 'ㄳ'이 들어간 단어에는 '몫', '삯' 등도 있어요.

1단계 따라 써요 아래 글상자에 있는 단어를 따라 쓰세요.

큰 충격을 받은 민주는 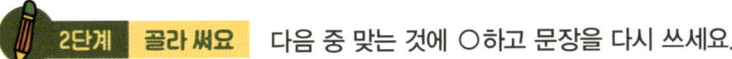 을 잃은 사람처럼 힘없이 벽에 기대어 있었다.

2단계 골라 써요 다음 중 맞는 것에 ○하고 문장을 다시 쓰세요.

① 그는 그 돈이 자신의 (몫 / 목)이라고 생각한다.

→ _____

② 그 농부는 쟁기와 소를 빌린 (삭 / 삯)을 냈다.

→ _____

겹받침 'ㄵ'은 'ㄴ'으로만 소리 나서 '끼얹다'의 올바른 발음은 [끼언따]예요. '끼얹다'는 '액체나 가루를 다른 것 위에 흩어지게 뿌리다'라는 뜻이에요. 겹받침 'ㄵ'이 들어간 단어에는 '앉다', '얹다' 등도 있어요.

 **1단계 따라 써요** 아래 글상자에 있는 단어를 따라 쓰세요.

민재는 너무 더워서 집에 들어오자마자 몸에 물을 | 끼 | 얹 | 었 | 다 | .

 2단계 골라 써요 다음 중 맞는 것에 ○하고 문장을 다시 쓰세요.

① 재영이는 허락도 없이 내 가방을 깔고 (앉았다 / 안잤다).

→

② 은희는 큰 숟가락으로 빙수에 팥을 (얹었다 / 언졌다).

→

7주 차 1일 100

겹받침 'ㄶ'이 들어간 '끊다'는 [끈타]로 발음되어도 쓸 때는 '끊다'로 써야 해요. '끊다'는 '실, 줄 등을 잘라서 나눠지게 하다', '하던 일을 하지 않다', '표를 사다'라는 뜻이에요. 겹받침 'ㄶ'이 들어간 단어에는 '많다', '않다' 등도 있어요.

끊다

끈다

1단계 따라 써요 아래 글상자에 있는 단어를 따라 쓰세요.

그녀는 기차표를 미리  놓아서 마음이 한결 가벼웠다.

2단계 골라 써요 다음 중 맞는 것에 ○하고 문장을 다시 쓰세요.

① 채원이의 필통에는 좋은 학용품이 (많다 / 만타).

→ --

② 엄마는 설탕을 넣지 (안코 / 않고) 쓴 커피를 그대로 드셨다.

→ --

7주 차 2일 101

겹받침 'ㄶ'의 또 다른 예인 '귀찮다'는 [귀찬타]로 발음되어도 쓸 때는 '귀찮다'로 써야 해요. '귀찮다'는 '마음에 들지 않고 괴롭거나 성가시다'라는 뜻이에요. 겹받침 'ㄶ'이 들어간 단어에는 '하찮다', '괜찮다' 등도 있어요.

귀찮다 — 귀찬다

 **1단계 따라 써요** 아래 글상자에 있는 단어를 따라 쓰세요.

나는 씻는 게 | 귀 | 찮 | 아 | 서 | 아직 세수도 안 했다.

 **2단계 골라 써요** 다음 중 맞는 것에 ○하고 문장을 다시 쓰세요.

① 동생과 나는 (하찬은 / 하찮은) 일로 자주 싸운다.

→ _____

② 배가 아파서 약을 먹었더니 이제 (괜찮다 / 괜찬다).

→ _____

7주 차 2일 102

겹받침 'ㄺ'이 들어간 '굵다'는 [국:따]로 발음되어도 쓸 때는 '굵다'로 써야 해요. '굵다'는 '어떤 물체의 지름이나 둘레가 보통보다 길다'라는 뜻이에요. 겹받침 'ㄺ'이 들어간 단어에는 '맑다', '묽다', '늙다', '붉다' 등도 있어요.

1단계 따라 써요 아래 글상자에 있는 단어를 따라 쓰세요.

내 손가락이 언니 손가락보다 | 굵 | 다 |.

2단계 골라 써요 다음 중 맞는 것에 ○하고 문장을 다시 쓰세요.

① 오늘 하늘은 평소와 다르게 정말 (맑다 / 막다).

→

② 노을 진 하늘이 오늘따라 더 (북다 / 붉다).

→

7주 차 2일 103

겹받침 'ㄾ'은 'ㄹ'로 발음해서 '핥다'는 [할따]로 소리 내요. 그리고 '핥으니'처럼 'ㄾ' 뒤에 'ㅇ'이 오면 'ㅇ'을 'ㅌ' 받침으로 읽어서 [할트니]로 소리 내요. 겹받침 'ㄾ'이 들어간 단어에는 '훑다'도 있어요.

1단계 따라 써요 아래 글상자에 있는 단어를 따라 쓰세요.

진주는 입에 묻은 크림을 혀로 | 핥 | 으 | 며 | 웃었다.

2단계 골라 써요 다음 중 맞는 것에 ○하고 문장을 다시 쓰세요.

① 강아지가 사료를 다 먹고 빈 그릇을 (핥았다 / 할탔다).

→ _____

② 경찰은 범인의 집 주변을 (훑고 / 홅고) 있었다.

→ _____

7주 차 2일 104

겹받침 'ㄿ'은 'ㅂ'으로 소리 낼 때도, 'ㄹ'로 소리 낼 때도 있어요. '읊다[읍따]', '읊습니다[읍씁니다]'처럼 자음 앞에서 'ㅂ'으로 발음해요. 그러나 겹받침 'ㄿ' 다음에 'ㅇ'이 오면 'ㄹ'로 발음해요. 그래서 '읊어'는 [을퍼]로, '읊으니'는 [을프니]로 소리 내요.

읊다

읍다

 **1단계 따라써요** 아래 글상자에 있는 단어를 따라 쓰세요.

그 시인은 시를 지어 　읊　는　 것을 좋아했다.

 **2단계 골라 써요** 다음 중 맞는 것에 ○하고 문장을 다시 쓰세요.

① 그 가수는 마치 시를 (읊듯이 / 읖듯이) 랩을 불렀다.

→

② 그는 시조를 (을프면서 / 읊으면서) 강가를 산책했다.

→

7주 차 3일   확인 문제 13

1~4   괄호 안에서 맞춤법이 올바르게 쓰인 단어를 골라 ○하세요.

① 건원이는 지난 3년간 너무 힘든 일들을 (겪었다 / 격었다).

② 찬석이는 서울역으로 가는 기차표를 (끈었다 / 끊었다).

③ 아빠가 (굵은 / 굵은) 가래떡으로 떡볶이를 만들어 주셨다.

④ 마술사의 마술이 너무 신기해서 (넉 / 넋)을 놓고 봤다.

5~8   왼쪽 단어들을 바르게 고쳐 빈칸에 쓰세요.

⑤ 끼언다   →

⑥ 핥다   →

⑦ 귀찬다   →

⑧ 읍다   →

9~12 아래 문장에서 밑줄 친 부분을 맞춤법에 맞게 바르게 고쳐 쓰세요.

⑨ 그 줄을 절대 <u>끈어버리면</u> 안 된다. → _____

⑩ 할아버지께서는 그동안 <u>격은</u> 일을 말씀해 주셨다. → _____

⑪ 그는 잔치국수에 양념장을 <u>끼언어</u> 먹었다. → _____

⑫ 아이스크림을 아껴 먹으려고 <u>혀로 핥았다.</u> → _____

13~16 해당하는 단어의 뜻을 추측하여 빈칸에 알맞은 단어를 써 넣으세요.

⑬ 그는 꼭 _____ 이 나간 사람처럼 보였다.
　　　　　사람의 정신이나 마음

⑭ 새로 산 색연필이 쓰던 것보다 _____ .
　　　　　　　　　　　　　　어떤 물건의 지름이 길다

⑮ 계속해서 놀아달라고 말하는 동생이 _____ .
　　　　　　　　　　　　　어떤 행동을 하고 싶지 않고 성가시다

⑯ 은주는 국어 시간에 배운 동시를 _____ .
　　　　　　　　　　　　　　소리 내어 시를 외웠다

17~20 다음 빈칸에 알맞은 단어를 〈보기〉에서 골라 쓰세요.

> 보기 ⑰ 귀찬은/귀찮은   ⑱ 격은/겪은   ⑲ 핥았다/할았다   ⑳ 끓었다/끈었다

⑰ 우리는 때때로 ☐☐☐ 일을 해야 할 때도 있다.

⑱ 대현이가 해준 이야기는 그가 직접 ☐☐ 일이다.

⑲ 우리 집의 고양이가 우유 접시를 ☐☐☐.

⑳ 나는 지난주부터 아이스크림을 ☐☐☐.

21~24 다음 중 맞춤법에 맞게 고친 것에 ○, 틀리게 고친 것에 ✕하세요.

㉑ 굮다 → 굴다   (   )

㉒ 끼언다 → 끼엃다   (   )

㉓ 읍다 → 읊다   (   )

㉔ 넉 → 넋   (   )

14장

알쏭달쏭!
헷갈리는 쌍받침·겹받침 2

105 굶다 | 굼다
106 값 | 갑
107 밟다 | 밥다
108 잃다 | 일다
109 샀다 | 삿다
110 앉다 | 안다
111 낚시 | 낙시
112 짧다 | 짤따

7주 차 4일 105

겹받침 'ㄻ'은 'ㅁ'으로 소리 낼 때도, 'ㄹ'로 소리 낼 때도 있어요. '굶다[굼따]', '굶는[굼는]'처럼 자음 앞에서 'ㅁ'으로 발음해요. 그러나 겹받침 'ㄻ' 다음에 'ㅇ'이 오면 'ㄹ'로 발음해요. 그래서 '굶어서'는 [굴머서]로 소리 내요. 겹받침 'ㄻ'이 들어간 단어에는 '굶다', '닮다', '옮기다' 등도 있어요.

굶다 — 굼다

 **1단계 따라 써요** 아래 글상자에 있는 단어를 따라 쓰세요.

은솔이는 오늘 점심을 | 굶 | 어 | 서 | 걸어갈 힘도 없었다.

 **2단계 골라 써요** 다음 중 맞는 것에 ○하고 문장을 다시 쓰세요.

① 그는 방에 있던 책장을 거실로 (옮겼다 / 옴겼다).

→

② 나와 은호는 쌍둥이처럼 (닮았다 / 달맜다).

→

겹받침 'ㅄ'은 자음 앞에서 'ㅂ'으로 발음해요. '값'은 [갑], '없다'는 [업:따], '가엾다'는 [가:엽따]로 소리 내죠. 그러나 '값에'처럼 'ㅄ' 뒤에 'ㅇ'이 나오면 'ㅇ'을 'ㅅ' 받침으로 읽어서 [갑쎄]로 소리 내요. 겹받침 'ㅄ'이 들어간 단어에는 '없애다'도 있어요.

 아래 글상자에 있는 단어를 따라 쓰세요.

그녀는 생각했던 것보다 싼 | 값 | 에 가구를 사게 돼서 기분이 좋았다.

 다음 중 맞는 것에 ○하고 문장을 다시 쓰세요.

① 학교 수업을 마치고 집에 갔는데 아무도 (없었다 / 업었다).

→

② 집을 잃은 그 강아지는 (가엾게도 / 가엽게도) 한쪽 다리를 절었다.

→

7주 차 4일 107

겹받침 'ㄼ'은 'ㅂ'으로 소리 낼 때도, 'ㄹ'로 소리 낼 때도 있어요. '밟다[밥:따]'처럼 자음 앞에서 'ㅂ'으로 발음해요. 그러나 겹받침 'ㄼ' 다음에 'ㅇ'이 오면 'ㄹ'로 발음해요. 그래서 '밟으면'은 [발브면]으로 소리 내요. 겹받침 'ㄼ'을 'ㅂ'로 소리 내는 단어에는 '넓죽하다'도 있어요.

밟다 ⭕ / 밥다 ❌

 **1단계 따라 써요** 아래 글상자에 있는 단어를 따라 쓰세요.

민호는 자전거 페달을 힘차게 | 밟 | 으 | 며 | 앞으로 나아갔다.

 2단계 골라 써요 다음 중 맞는 것에 ○하고 문장을 다시 쓰세요.

① 나는 실수로 친구의 발을 (발바서 / 밟아서) 사과했다.

→ _____

② 못 본 사이에 (넙죽했던 / 넓죽했던) 그의 얼굴이 갸름해졌다.

→ _____

7주 차 4일
108

겹받침 'ㅀ' 뒤에 자음 'ㄱ, ㄷ, ㅈ'이 오는 경우에는 'ㅋ, ㅌ, ㅊ'으로 발음해요. '잃게'는 [일케], '잃다'는 [일타], '잃지'는 [일치]로 소리 내요. 그러나 겹받침 'ㅀ' 다음에 'ㅇ'이 오면 'ㄹ'로 발음해요. 그래서 '잃으면'은 [이르면]으로 소리 내요. 겹받침 'ㅀ'이 들어간 단어에는 '꿇다', '싫다', '옳다' 등이 있어요.

잃다

일다

 **1단계 따라 써요** 아래 글상자에 있는 단어를 따라 쓰세요.

그는 산에서 길을 ⬜잃⬜고 헤맸다.

 **2단계 골라 써요** 다음 중 맞는 것에 ○하고 문장을 다시 쓰세요.

① 나는 너무 피곤해서 꼼짝도 하기 (싫었다 / 실었다).

→ _____

② 주희는 꼭 필요할 때 (옳은 / 올은) 말을 잘한다.

→ _____

7주 차 5일 109

쌍받침 'ㅆ'은 'ㄷ'으로 발음해요. '샀다'는 [삳따], '했다'는 [핻따]로 소리 내요. 그리고 쌍받침 'ㅆ' 다음에 'ㅇ'이 오면 '샀어'는 [사써], '했어'는 [해써]로 소리 내요. 쌍받침 'ㅆ'이 들어간 단어에는 '왔다', '겼다' 등도 있어요.

샀다 — **삿다**

 **1단계 따라 써요** 아래 글상자에 있는 단어를 따라 쓰세요.

나는 집에 가는 길에 편의점에서 과자를  .

 2단계 골라 써요 다음 중 맞는 것에 ○하고 문장을 다시 쓰세요.

① 민지는 시험을 하루 앞두고 쉬지 않고 공부만 (했다 / 햇다).

→ --

② 오빠는 밤 아홉 시가 넘어서 집에 (왓다 / 왔다).

→ --

겹받침 'ㄵ'은 'ㄴ'으로 발음해요. '앉다'는 [안따], '얹다'는 [언따]로 소리 내요. 그리고 '앉아서'처럼 'ㄵ' 뒤에 'ㅇ'이 나오면 'ㅇ'을 'ㅈ' 받침으로 읽어서 [안자서]로 소리 내요. 겹받침 'ㄵ'이 들어간 단어에는 '주저앉다', '꿇어앉다' 등도 있어요.

앉다   안다

 **1단계 따라 써요**   아래 글상자에 있는 단어를 따라 쓰세요.

시우는 바른 자세로 고쳐  .

| 앉 | 았 | 다 |

 **2단계 골라 써요**   다음 중 맞는 것에 ○하고 문장을 다시 쓰세요.

① 미영이는 방바닥에 (꿇어앉아 / 꿇어안자) 할머니 말씀을 들었다.

→ _____

② 지호는 너무 피곤해서 의자에 털썩 (주저앉았다 / 주저안잤다).

→ _____

7주 차 5일 111

쌍받침 'ㄲ'은 'ㄱ'으로 발음해요. '낚시'는 [낙시], '낚시꾼'은 [낙씨꾼]으로 소리 내요. 그리고 쌍받침 'ㄲ' 다음에 'ㅇ'이 오면 '밖은'은 [바끈]으로, '묶음'은 [무끔]으로 소리 내요. 쌍받침 'ㄲ'이 들어간 단어에는 '밖', '볶음', '묶음' 등도 있어요.

 **따라 써요** 아래 글상자에 있는 단어를 따라 쓰세요.

나는 이번 겨울에 가족들과 얼음 [낚][시] 를 가고 싶다.

 **골라 써요** 다음 중 맞는 것에 ○하고 문장을 다시 쓰세요.

① (밖 / 박)이 추워서 하루종일 집에만 있었다.

→

② 엄마는 할머니께서 주신 옥수수 한 (묶음 / 묵음)을 가지고 오셨다.

→

겹받침 'ㄼ'은 'ㄹ'로 발음해요. '짧다'는 [짤따], '넓다'는 [널따], '떫다'는 [떨ː따]로 소리 내요. 그리고 '떫은'처럼 겹받침 'ㄼ' 다음에 'ㅇ'이 오면 [떨븐]으로 소리 내요. 겹받침 'ㄼ'이 들어간 단어에는 '얇다', '엷다' 등도 있어요.

짧다 — 짤따

1단계 따라 써요 아래 글상자에 있는 단어를 따라 쓰세요.

나는 바빠서 용건만 | 짧 | 게 | 말하고 전화를 끊었다.

2단계 골라 써요 다음 중 맞는 것에 ○하고 문장을 다시 쓰세요.

① 하연이는 우리 가족 중에 가장 마음이 (넓다 / 널따).

→ _____

② 감이 덜 익었는지 (떫은 / 떨븐) 맛이 난다.

→ _____

7주차 6일 확인 문제 14

1~4 괄호 안에서 맞춤법이 올바르게 쓰인 단어를 골라 ○하세요.

① 1월부터 과자 (갑 / 값)이 오르기 시작했다.

② 주아는 새로 산 의자 위에 (안쟜다 / 앉았다).

③ 나는 자전거 페달을 세게 (밥았다 / 밟았다).

④ 그는 균형을 (잃고 / 일고) 넘어졌다.

5~8 왼쪽 단어들을 바르게 고쳐 빈칸에 쓰세요.

⑤ 짤따 →

⑥ 굼다 →

⑦ 삿다 →

⑧ 낙시 →

9~12 아래 문장에서 밑줄 친 부분을 맞춤법에 맞게 바르게 고쳐 쓰세요.

9 나는 어제 점심 때부터 쫄딱 <u>굼었다</u>. → _____

10 나는 어제 친구의 생일 선물을 <u>삿다</u>. → _____

11 아무래도 깨진 유리 조각을 <u>밥은</u> 것 같다. → _____

12 우리는 제일 편해 보이는 의자에 <u>안았다</u>. → _____

13~16 해당하는 단어의 뜻을 추측하여 빈칸에 알맞은 단어를 써 넣으세요.

13 우리 가족은 강원도에서 빙어 _____ 를 했다.
　　　　　　　　　　　　　　여러 가지 도구로 물고기를 잡는 일

14 나는 제 _____ 을 다 주고 물건을 사 왔다.
　　　　　물건에 매겨진 돈

15 올해에는 여름 방학이 매우 _____ .
　　　　　　　　　　　　길지 않다

16 그 배는 바다 한가운데서 방향을 _____ .
　　　　　　　　　　　길을 못 찾거나 방향을 분간 못 하게 되었다

17~20 다음 빈칸에 알맞은 단어를 〈보기〉에서 골라 쓰세요.

> 보기
> ⓱ 갑/값   ⓲ 안았다/앉았다   ⓳ 짤따/짧다   ⓴ 잃었다/일었다

⓱ 이 물건은 ☐ 을 매길 수 없을 정도로 소중하다.

⓲ 오래된 책 위에 먼지가 뽀얗게 ☐☐☐.

⓳ 새로 산 바지의 길이가 ☐☐.

⓴ 우리는 놀이공원에서 길을 ☐☐☐.

21~24 다음 중 맞춤법에 맞게 고친 것에 ○, 틀리게 고친 것에 ✕하세요.

㉑ 굼다 → 곪다   (   )

㉒ 삿다 → 샀다   (   )

㉓ 밥다 → 밟다   (   )

㉔ 낙시 → 낛시   (   )

15장

발음이 같지만 의미가 다른 세 단어

113 빗 | 빚 | 빛
114 낫 | 낮 | 낯
115 낫다 | 났다 | 낮다
116 갖다 | 갔다 | 같다
117 있다 | 잊다 | 잇다
118 다치다 | 닫히다 | 닫치다
119 짓다 | 짖다 | 짙다
120 엎다 | 업다 | 없다

8주 차 1일 113

'빗', '빚', '빛'을 단독으로 발음하면 모두 [빋]으로 발음해요. 하지만 그 뒤에 조사가 오게 되면 각각 받침대로 발음해야 해요. 예를 들어 그 뒤에 조사 '은'이 붙을 경우, 각각 [비슨], [비즌], [비츤]으로 발음해야 해요.

빗

언니, 지금 뭐 하는 거야?

머리 말리고 빗으로 머리 빗고 있지.

빚

수철아, 이 돈은 뭐야?

지난번에 너한테 빚진 돈이야. 자, 여기 500원!

빛

엄마! 저 아저씨 머리에서 빛이 나요!

쉿! 그런 말 하면 안 된단다.

180 발음이 같지만 의미가 다른 세 단어

단어 풀이

① '빗'은 '머리카락을 빗을 때 쓰는 도구'라는 뜻이에요.
② '빚'은 '남에게 갚아야 할 돈'이나 '갚아야 할 은혜 등을 비유적으로 이르는 말'이에요.
③ '빛'은 '반짝이는 빛깔'이라는 뜻이에요.

1단계 따라 써요 아래 글상자에 있는 단어를 따라 쓰세요.

① 나는 언니에게 갚아야 할 빚 이 있다.

② 나는 빗 으로 머리를 빗으면 마음도 차분해지는 것 같다.

③ 창문 틈으로 강렬한 빛 이 새어 들어오고 있었다.

2단계 골라 써요 다음 중 맞는 것에 ○하고 문장을 다시 쓰세요.

① 강아지 털이 뭉치지 않게 (빗 / 빚 / 빛)으로 빗겨 주었다.

→ _____

② 보석에서 눈부신 (빗 / 빚 / 빛)이 난다.

→ _____

③ 그녀는 (빗 / 빚 / 빛)을 내어 새로운 집을 샀다.

→ _____

8주 차 1일 114

'낫', '낮', '낯'을 단독으로 발음하면 모두 [낟]으로 발음해요. 하지만 그 뒤에 조사가 오게 되면 받침에 맞춰 발음해야 해요. 예를 들어 그 뒤에 조사 '이'가 붙을 경우, 각각 [나시], [나지], [나치]로 발음해야 해요.

낫

아이코, 낫을 못 찾아서 그만…

아니, 아저씨 낫이 아니라 칼로 벼를 베시면 어떡해요!

낮

넌 낮이 좋아, 밤이 좋아?

신나게 놀 수 있는 낮이 좋아.

낯

에게? 이번 달 용돈이 달랑 1,000원이라고요?

너를 볼 낯이 없구나.

단어 풀이

① '낫'은 '곡식이나 풀을 벨 때 사용하는 농기구'라는 뜻이에요.
② '낮'은 '해가 떠서 질 때까지의 동안'이라는 뜻이에요.
③ '낯'은 '얼굴'이나 '남을 대할 만한 체면'이라는 뜻이에요.

1단계 따라 써요 아래 글상자에 있는 단어를 따라 쓰세요.

① 나는 친구들에게 미안해서 그들의 얼굴을 볼 낯 이 없었다.

② 성현이는 낮 에도 밤에도 쉬지 않고 계속해서 공부했다.

③ 할아버지는 낫 으로 잡초를 베어 내셨다.

2단계 골라 써요 다음 중 맞는 것에 ○하고 문장을 다시 쓰세요.

① '(낫 / 낮 / 낯) 놓고 기역 자도 모른다'라는 속담이 있다.
→

② 미주는 부끄러워 (낫 / 낮 / 낯)이 붉어졌다.
→

③ 밤이 늦어서 그는 다음 날 (낫 / 낮 / 낯)에 다시 전화하기로 했다.
→

8주 차 1일 115

'낫다'는 [낟:따], '났다'와 '낮다'는 [낟따]로 발음해요. 이 중 '낫다'의 '낫'은 조금 더 길게 발음해요. 활용형에 따라 '낮다'의 활용형인 '낮아'는 [나자]로, '낮으니'는 [나즈니]로 발음해야 해요. 참고로 '낫다'의 활용형은 '낫아'나 '낫으니'가 아닌 '나아'와 '나으니'예요.

낫다

- 아무래도 너보다는 내가 더 인물이 낫지.
- 무슨 소리! 내 외모가 더 낫지.

났다

- 민규야, 오른쪽 엄지발가락이 상당히 추워 보이네.
- 뭐야 이게, 오늘 신은 양말에 구멍이 났잖아.

낮다

- 아빠, 오늘 아침은 왜 이렇게 추운 거예요?
- 오늘이 어제보다 기온이 5도 낮아진다고 했거든.

단어 풀이

① '낫다'는 '병이 고쳐져 괜찮아지다'나 '다른 사람보다 앞서다'라는 뜻이에요.
② '났다'는 '신체 표면이나 땅 위에 솟다'라는 뜻을 지닌 '나다'의 과거형이에요.
③ '낮다'는 '기준이 되는 대상이나 보통에 미치지 못하다'라는 뜻이에요.

1단계 따라 써요
아래 글상자에 있는 단어를 따라 쓰세요.

① 어릴 때부터 쓰던 의자가 낮고 작아서 오랫동안 앉기에 불편하다.

② 독감은 하루 만에 낫는 병이 아니다.

③ 나는 우리 반 친구들의 응원을 듣고 힘이 났다.

2단계 골라 써요
다음 중 맞는 것에 ○하고 문장을 다시 쓰세요.

① 소희는 거짓말을 하느니 차라리 혼나는 게 (낫다 / 났다 / 낮다)고 생각한다.
→ _____

② 세미는 자전거를 타다 넘어져서 팔꿈치에 상처가 (낫다 / 났다 / 낮다).
→ _____

③ 이번에 새로 산 운동화는 예전 운동화보다 굽이 (낫다 / 났다 / 낮다).
→ _____

8주 차 1일 116

'갖다', '갔다', '같다'는 모두 [갇따]로 발음해요. 하지만 어떻게 활용되느냐에 따라 발음이 조금씩 달라져요. 예를 들어 '갖는'은 [간는]으로, '같아'는 [가타], '같으니'는 [가트니]로 발음해야 해요.

갖다

뭘 갖고 그렇게 호들갑이니?
으악, 여기 바퀴벌레가 있어!

갔다

우리 체험학습 언제 갔었지?
체험학습? 작년 10월에 갔었지.

같다

아저씨, 저 1,040원밖에 없는데, 이거라도 드릴게요.
네 마음이 천사 같구나.

발음이 같지만 의미가 다른 세 단어

단어 풀이

① '갖다'는 '가지다'를 줄여 말한 거예요.
② '갔다'는 '장소를 이동하다'라는 뜻을 지닌 '가다'의 과거형이에요.
③ '같다'는 '서로 다르지 않고 하나이다', '다른 것과 비교해 그것과 다르지 않다'라는 뜻이에요.

1단계 따라 써요 아래 글상자에 있는 단어를 따라 쓰세요.

① 나는 우리 언니와 키가 　같 다 　.

② 동생이 장난감을 　갖 고 　놀고 있다.

③ 우리는 점심 시간에 밥을 먹으러 급식실에 　갔 다 　.

2단계 골라 써요 다음 중 맞는 것에 ○하고 문장을 다시 쓰세요.

① 지율이는 책에 관심을 (갖고 / 갔고 / 같고) 열심히 독서하고 있다.

→ --

② 겨울 방학을 맞이해 우리는 눈썰매장에 (갖다 / 갔다 / 같다).

→ --

③ 배가 고픈 누나의 얼굴은 마치 굶주린 사자 (갖다 / 갔다 / 같다).

→ --

8주 차 2일 117

'있다'와 '잊다'는 [읻따], '잇다'는 [읻:따]로 발음해요. 이 중 '잇다'의 '잇'은 조금 더 길게 발음해요. 활용형에 따라 '있다'의 활용형인 '있어'는 [이써]로, '잊다'의 활용형인 '잊어'는 [이저]로 발음해요. 참고로 '잇다'의 활용형은 '잇어'나 '잇으니'가 아니라 '이어', '이으니'예요.

있다

저기 동상이 있네. 혹시 어떤 동상인지 알아?

몰라. 나도 처음 보는 거야.

잊다

그동안 내가 놀려서 미안해. 너랑 친해지고 싶어서 그랬어.

그래, 서로 기분 나빴던 일은 모두 잊고 앞으로 친하게 지내자.

잇다

누나, 뭐해?

응, 끊어진 줄을 서로 잇고 있어.

단어 풀이

① '있다'는 '어떤 대상이 어디로 가지 않고 그 자리에 머물다'라는 뜻이에요.
② '잊다'는 '알고 있던 것을 기억하지 못하다'라는 뜻이에요.
③ '잇다'는 '두 개를 맞대어 붙이다', '끊어지지 않게 계속하다'라는 뜻이에요.

1단계 따라 써요 아래 글상자에 있는 단어를 따라 쓰세요.

① 효주에게는 사랑하는 가족들이 있다 .

② 재찬이는 게임하느라 밥 먹는 것도 잊었다 .

③ 상민이는 너무 당황해서 말을 잇지 못했다.

2단계 골라 써요 다음 중 맞는 것에 ○하고 문장을 다시 쓰세요.

① 우리 가족은 독서를 좋아해 집에 책이 많이 (있다 / 잊다 / 잇다).

→ _____

② 눈사람 만드는 재미에 추위도 (있었다 / 잊었다 / 잇었다).

→ _____

③ 드디어 섬과 육지를 (있는 / 잊는 / 잇는) 다리가 완공되었다.

→ _____

8주 차 2일 118

'다치다'와 '닫히다'는 [다치다]로, '닫치다'는 [닫치다]로 발음해요. 활용형에 따라 '닫히다'의 활용형인 '닫혀'는 [다쳐]로, '닫히니'는 [다치니]로 발음해요. '닫치다'의 활용형인 '닫쳐'는 [닫쳐]로, '닫치니'는 [닫치니]로 발음해요.

다치다

닫히다

닫치다

단어 풀이

① '다치다'는 '몸에 상처가 나거나 마음이나 재산에 손상을 주다'라는 뜻이에요.
② '닫히다'는 '닫다'의 피동사로, '문, 서랍 같은 것들이 막히다'라는 뜻이에요.
③ '닫치다'는 '닫다'의 강세어로, '문, 서랍 등을 세게 닫다'라는 뜻이에요.

1단계 따라써요 아래 글상자에 있는 단어를 따라 쓰세요.

① 마음이 급해진 소년은 서랍을 탁 [닫치고] 방을 나갔다.

② 그는 책상을 옮기다 손가락을 [다쳤다].

③ 아마 지금 시간에는 약국 문이 [닫혔을] 것이다.

2단계 골라써요 다음 중 맞는 것에 ○하고 문장을 다시 쓰세요.

① 놀이공원에서 일어난 사고로 많은 사람들이 (다쳤다 / 닫혔다 / 닫쳤다).

→ _____

② 갑자기 문이 (다치는 / 닫히는 / 닫치는) 바람에 나는 깜짝 놀랐다.

→ _____

③ 화가 난 형은 문을 쾅 (다치고 / 닫히고 / 닫치고) 나갔다.

→ _____

8주 차 2일 119

'짓다', '짖다', '짙다'는 모두 [짇따]로 발음해요. 하지만 활용형에 따라 '짖다'의 활용형인 '짖어'는 [지저]로, '짖으니'는 [지즈니]로 발음해요. '짙다'의 활용형인 '짙어'는 [지터]로, '짙으니'는 [지트니]로 발음해요. 참고로 '짓다'의 활용형은 '짓어', '짓으니'가 아니라 '지어', '지으니'예요.

짓다

엄마! "우리 쌀로 밥을 짓다" 이렇게 쓰는 거 맞아요?

아니! 밥은 '짓는' 게 아니라 '짓는' 거란다. '짓다'가 맞아!

짖다

쉿! 나래야, 사람들 많은 곳에서는 짖으면 안 돼!

멍멍멍멍.

짙다

바다는 무슨 색으로 칠하는 게 좋을까?

짙은 파란색으로 칠하는 게 어때?

단어 풀이

① '짓다'는 '밥이나 집을 만들다', '소설, 시, 노래 가사를 만들기 위해 글을 쓰다'라는 뜻이에요.
② '짖다'는 '개가 소리를 내다', '새가 시끄럽게 울어서 지저귀다'라는 뜻이에요.
③ '짙다'는 '빛깔이나 냄새가 강하다'라는 뜻이에요.

1단계 따라 써요 아래 글상자에 있는 단어를 따라 쓰세요.

① 오늘 국어 시간에는 각자 동시 한 편을 [짓기로] 했다.

② 멀리서 개 [짖는] 소리가 들렸다.

③ 외출하시는 엄마에게서 향수 냄새가 [짙게] 났다.

2단계 골라 써요 다음 중 맞는 것에 ○하고 문장을 다시 쓰세요.

① 아침부터 까치가 깍깍 (짖고 / 짓고 / 짙고) 있다.

→ _____

② 그 아파트를 (짓는 / 짙은 / 짖는) 데 3년이 걸렸다고 한다.

→ _____

③ 원어민 선생님의 머리카락은 (짖는 / 짓는 / 짙은) 갈색이다.

→ _____

8주 차 2일 120

'엎다'와 '업다'는 [업따]로, '없다'는 [업:따]로 발음해요. 이 중 '없다'의 '없'은 조금 더 길게 발음해요. 활용형에 따라 '엎다'의 활용형인 '엎어'는 [어퍼]로, '엎으니'는 [어프니]로 발음해요. '업다'의 활용형인 '업어'는 [어버]로, '업으니'는 [어브니]로, '없다'의 활용형인 '없어'는 [업써]로, '없으니'는 [업쓰니]로 발음해요.

엎다

엄마, 설거지한 그릇은 어디에 놓으면 돼요?

다 씻은 그릇은 선반 위에 <u>엎어</u> 놓으면 된단다.

업다

아빠, 다리가 너무 아파서 더 이상 못 걷겠어요.

그래, 아빠가 입구까지는 <u>업어</u> 줄게.

없다

우리 배고픈데 학교 끝나고 떡볶이 먹으러 갈까?

음… 용돈을 다 써서 나는 떡볶이 사 먹을 돈이 <u>없어</u>.

단어 풀이

① '엎다'는 '물건을 뒤집어 놓다', '그릇 등을 넘어뜨려 속에 든 것이 쏟아지게 하다'라는 뜻이에요.
② '업다'는 '사람이나 동물을 등에 대고 손으로 붙잡거나 동여매어 붙어있게 하다', '어떤 집단의 도움을 받다'라는 뜻이에요.
③ '없다'는 '있다'의 반대말로, '사람, 사물, 사실 등이 존재하지 않다'라는 뜻이에요.

1단계 따라 써요 아래 글상자에 있는 단어를 따라 쓰세요.

① 재석이는 작년 학생회 임원들을 등에 `업` `고` 선거 운동을 시작했다.

② 들고 가던 그릇을 `엎` `는` 바람에 국물이 모두 쏟아졌다.

③ 은별이는 용돈을 다 써서 지금 단돈 백 원도 `없` `다` .

2단계 골라 써요 다음 중 맞는 것에 ○하고 문장을 다시 쓰세요.

① 주영이는 동생을 등에 (엎고 / 업고 / 없고) 달리기 시작했다.

→

② 식탁 위에 (엎어 / 업어 / 없어) 놓은 컵들이 쓰러졌다.

→

③ 우리는 더 이상 그의 말을 믿을 수가 (엎었다 / 업었다 / 없었다).

→

8주 차 3일 | 확인 문제 15

1~4 괄호 안에서 맞춤법이 올바르게 쓰인 단어를 골라 ○하세요.

① 우리 동네에는 (낫고 / 났고 / 낮고) 완만한 산이 있다.

② 지난주에 봤던 영화의 제목을 (있었다 / 잊었다 / 잇었다).

③ 우리 집 강아지는 발자국 소리만 들려도 엄청 (짖어 / 짓어 / 짙어)댄다.

④ 지현이의 주장은 근거가 (엎다 / 업다 / 없다).

5~8 밑줄 친 부분의 뜻이 다 맞으면 ○, 다 틀리면 ✕하세요.

⑤ <u>낫</u>으로 벼를 벤다. / <u>낮</u>에는 일하고 밤에는 잔다. / 수호는 <u>낯</u>을 많이 가린다.

⑥ 반짝반짝 <u>빗</u>이 난다. / 예쁜 머리<u>빗</u>을 샀다. / 형편이 어려워 <u>빛</u>을 졌다.

⑦ 수영장에 <u>갖</u>다. / 친구에게 관심을 <u>갖</u>다. / 오늘은 기쁜 일이 생길 것 <u>갔</u>다.

⑧ 동생을 등에 <u>업었</u>다. / 우리에게 다음 기회는 <u>없었</u>다. / 컵들이 <u>엎어</u>져 있다.

9~12 아래 문장에서 밑줄 친 부분의 맞춤법을 바르게 고쳐 쓰세요.

⑨ 지혜는 우리 집과 업드리면 코 닿을 데에 산다. → _____

⑩ 나는 머리를 단정하게 빗고 학교에 갔다. → _____

⑪ 그는 널따란 공터에 집을 짖고 있다. → _____

⑫ 예전에 이 자리에 놀이터가 잇었다. → _____

13~16 아이들의 말을 잘 보고 알맞은 단어에 ○하세요.

⑬ (갖다 / 같다 / 갔다)는 '서로 다르지 않고 하나이다'라는 뜻이야.

⑭ (낫 / 낮 / 낯)은 '해가 떠서 질 때까지의 동안'이라는 뜻이야.

⑮ (다치다 / 닫히다 / 닫치다)는 '문, 서랍 등을 세게 닫다'라는 뜻이야.

⑯ (낫다 / 났다 / 낮다)는 '기준이나 보통에 미치지 못하다'라는 뜻이야.

17~20 다음 빈칸에 알맞은 단어를 〈보기〉에서 골라 쓰세요.

> 보기
> ⑰ 다치지/닫히지/닫치지   ⑱ 빗/빚/빛   ⑲ 갖다/갔다/같다   ⑳ 낫/낮/낯

⑰ 자전거 탈 때는 [　　][　　] 않게 조심하거라.

⑱ 나는 이번 일로 친구에게 [　　]을 졌다.

⑲ 쌍둥이인 우리는 나이가 서로 [　　][　　].

⑳ 주현이는 항상 웃는 [　　]이다.

21~24 다음 밑줄 친 단어의 맞춤법이 맞으면 ○, 틀리면 ✕하세요.

㉑ 나와 누나는 오늘 쭉 집에 <u>잊었다</u>.　　　　　　　　(　　)

㉒ 높은 곳에서 뛰다 무릎을 <u>다쳤다</u>.　　　　　　　　(　　)

㉓ 나는 운동하기에는 여름보다 겨울이 <u>낮다</u>고 생각한다.　(　　)

㉔ 우리 오빠는 <u>짓은</u> 눈썹을 가지고 있다.　　　　　　(　　)

정답

지금까지 《초등 맞춤법 무작정 따라하기》를 학습하느라 고생 많았어요! 이제 여러분이 풀었던 문제의 정답을 공개할게요!

| 1장 | 소리 나는 대로 쓰면 틀리는 단어 1
| 2장 | 소리 나는 대로 쓰면 틀리는 단어 2
| 3장 | 소리 나는 대로 쓰면 틀리는 단어 3
| 4장 | 의미가 다른 두 단어 1
| 5장 | 의미가 다른 두 단어 2
| 6장 | 의미가 다른 두 단어 3
| 7장 | 의미가 다른 두 단어 4
| 8장 | 알쏭달쏭! 헷갈리는 두 단어 1
| 9장 | 알쏭달쏭! 헷갈리는 두 단어 2
|10장 | 알쏭달쏭! 헷갈리는 두 단어 3
|11장 | 알쏭달쏭! 헷갈리는 두 단어 4
|12장 | 알쏭달쏭! 헷갈리는 두 단어 5
|13장 | 알쏭달쏭! 헷갈리는 쌍받침·겹받침 1
|14장 | 알쏭달쏭! 헷갈리는 쌍받침·겹받침 2
|15장 | 발음이 같지만 의미가 다른 세 단어

1장 | 소리 나는 대로 쓰면 틀리는 단어 1

1 금요일 | 그묘일
2단계 골라 써요 ① 금요일 ② 목요일

2 높이 | 노피
2단계 골라 써요 ① 높이 ② 깊이

3 몸이 | 모미
2단계 골라 써요 ① 몸이 ② 잠이

4 굳이 | 구지
2단계 골라 써요 ① 굳이 ② 미닫이

5 똑같이 | 똑까치
2단계 골라 써요 ① 똑같이 ② 샅샅이

6 할게요 | 할께요
2단계 골라 써요 ① 할게요 ② 가볼걸

7 국밥 | 국빱
2단계 골라 써요 ① 국밥 ② 약국

8 꽃다발 | 꽃따발
2단계 골라 써요 ① 꽃다발 ② 옷고름

확인 문제 1

① 할게요　② 높이　③ 꽃다발
④ 국밥　⑤ 금요일　⑥ 몸이
⑦ 똑같이　⑧ 굳이　⑨ 몸이
⑩ 똑같이　⑪ 금요일　⑫ 할게요
⑬ 굳이　⑭ 꽃다발　⑮ 국밥
⑯ 높이　⑰ 월요일　⑱ 국이
⑲ 맏이　⑳ 꽃다발　㉑ ○
㉒ ✕　㉓ ✕　㉔ ○

2장 | 소리 나는 대로 쓰면 틀리는 단어 2

9 눈살 | 눈쌀
2단계 골라 써요 ① 눈살 ② 문자

10 일찍이 | 일찌기
2단계 골라 써요 ① 일찍이 ② 더욱이

11 옛날 | 옌날
2단계 골라 써요 ① 옛날 ② 냇물

12 부엌 | 부억
2단계 골라 써요 ① 부엌 ② 새벽녘

13 앞쪽 | 압쪽
2단계 골라 써요 ① 앞쪽 ② 무릎

14 꽃 | 꼳
2단계 골라 써요 ① 꽃 ② 숯

15 납작하다 | 납짝하다
2단계 골라 써요 ① 납작한 ② 짭짤한

16 흰색 | 힌색
2단계 골라 써요 ① 흰색 ② 희망

확인 문제 2

① 일찍이　② 앞쪽　③ 꽃
④ 흰색　⑤ 눈살　⑥ 납작하다
⑦ 옛날　⑧ 부엌　⑨ 앞쪽
⑩ 일찍이　⑪ 부엌　⑫ 납작한
⑬ 흰색　⑭ 꽃　⑮ 옛날
⑯ 눈살　⑰ 부엌　⑱ 일찍이
⑲ 꽃　⑳ 흰색　㉑ ○
㉒ ○　㉓ ✕　㉔ ○

3장 | 소리 나는 대로 쓰면 틀리는 단어 3

17 민주주의 | 민주주이
2단계 골라 써요 ① 민주주의 ② 이의

18 쏟아지다 | 쏘다지다
2단계 골라 써요 ① 쏟아졌다 ② 믿어

19 종로 | 종노
2단계 골라 써요 ① 종로 ② 칼날

20 난로 | 날로
2단계 골라 써요 ① 난로 ② 신라

21 독립 | 동닙
2단계 골라 써요 ① 독립 ② 국립

22 수돗물 | 수돈물
2단계 골라 써요 ① 수돗물 ② 냇물

23 맛있다 | 마싣따
2단계 골라 써요 ① 맛있는 ② 멋있다

24 대가 | 댓가
2단계 골라 써요 ① 대가 ② 초점

확인 문제 3

① 민주주의 ② 종로 ③ 대가
④ 수돗물 ⑤ 쏟아지다 ⑥ 맛있다
⑦ 독립 ⑧ 난로 ⑨ 종로
⑩ 쏟아졌다 ⑪ 맛있다 ⑫ 대가
⑬ 난로 ⑭ 민주주의 ⑮ 수돗물
⑯ 독립 ⑰ 쏟아졌다 ⑱ 수돗물
⑲ 난로 ⑳ 독립 ㉑ ○
㉒ ○ ㉓ ✕ ㉔ ○

4장 | 의미가 다른 두 단어 1

25 가르치다 | 가리키다
2단계 골라 써요 ① 가리켰다 ② 가르쳐

26 다르다 | 틀리다
2단계 골라 써요 ① 틀렸다고 ② 다르다

27 −던지 | −든지
2단계 골라 써요 ① 든지 ② 던지

28 적다 | 작다
2단계 골라 써요 ① 적다 ② 작아서

29 잃어버리다 | 잊어버리다
2단계 골라 써요 ① 잃어버렸다 ② 잊어버리고

30 부딪히다 | 부딪치다
2단계 골라 써요 ① 부딪혔다 ② 부딪치며

31 개다 | 괴다
2단계 골라 써요 ① 괴었다 ② 개어

32 −로서 | −로써
2단계 골라 써요 ① 로써 ② 로서

확인 문제 4

① 다르구나 ② 던지 ③ 부딪쳤다
④ 잊어버렸어 ⑤ ○ ⑥ ○
⑦ ✕ ⑧ △ ⑨ 다르다
⑩ 부딪쳤다 ⑪ 던지 ⑫ 로서
⑬ 잃어버리다 ⑭ 작다 ⑮ 가르치다
⑯ 괴다 ⑰ 로써 ⑱ 개었다
⑲ 부딪혔다 ⑳ 다르다 ㉑ ✕
㉒ ○ ㉓ ✕ ㉔ ✕

5장 | 의미가 다른 두 단어 2

33 장이 | 쟁이
2단계 골라 써요   ① 쟁이 ② 장이

34 -에요 | -예요
2단계 골라 써요   ① 예요 ② 에요

35 반드시 | 반듯이
2단계 골라 써요   ① 반드시 ② 반듯이

36 같다 | 갖다
2단계 골라 써요   ① 같다 ② 갖고

37 묶다 | 묵다
2단계 골라 써요   ① 묶었다 ② 묵은

38 부치다 | 붙이다
2단계 골라 써요   ① 부쳤다 ② 붙이며

39 들리다 | 들르다
2단계 골라 써요   ① 들렀다 ② 들렸다

40 비치다 | 비추다
2단계 골라 써요   ① 비추었다 ② 비친

확인 문제 5

① 겁쟁이   ② 묶고   ③ 들렸다
④ 반듯이   ⑤ △   ⑥ ○
⑦ △   ⑧ ✕   ⑨ 에요
⑩ 고집쟁이   ⑪ 묶었다   ⑫ 비추었다
⑬ 반듯이   ⑭ 붙이다   ⑮ 들리다
⑯ 같다   ⑰ 쟁이   ⑱ 같다
⑲ 붙였다   ⑳ 비치었다   ㉑ ○
㉒ ✕   ㉓ ✕   ㉔ ○

6장 | 의미가 다른 두 단어 3

41 체 | 채
2단계 골라 써요   ① 체 ② 채

42 되다 | 돼다
2단계 골라 써요   ① 돼서 ② 되었다

43 띄다 | 띠다
2단계 골라 써요   ① 띄게 ② 띠었다

44 -데 | -대
2단계 골라 써요   ① 데 ② 대

45 아니오 | 아니요
2단계 골라 써요   ① 아니요 ② 아니오

46 걸음 | 거름
2단계 골라 써요   ① 거름 ② 걸음

47 안치다 | 앉히다
2단계 골라 써요   ① 안쳤다 ② 앉혀

48 어떡해 | 어떻게
2단계 골라 써요   ① 어떻게 ② 어떡해

확인 문제 6

① 띠었다   ② 됐다   ③ 아니요
④ 앉혔다   ⑤ ✕   ⑥ ○
⑦ ○   ⑧ △   ⑨ 됐다
⑩ 데   ⑪ 아니오   ⑫ 어떻게
⑬ 거름   ⑭ 안치다   ⑮ 띠다
⑯ 체   ⑰ 채   ⑱ 걸음
⑲ 됐다   ⑳ 어떻게   ㉑ ✕
㉒ ✕   ㉓ ○   ㉔ ○

7장 | 의미가 다른 두 단어 4

49 벌이다 | 벌리다
2단계 골라 써요 ① 벌리고 ② 벌이고

50 찾다 | 찿다
2단계 골라 써요 ① 찾았다 ② 찿다

51 메다 | 매다
2단계 골라 써요 ① 맸다 ② 메고

52 돋우다 | 돋구다
2단계 골라 써요 ① 돋우었다 ② 돋구었다

53 식히다 | 시키다
2단계 골라 써요 ① 시키셨다 ② 식혔다

54 늘이다 | 늘리다
2단계 골라 써요 ① 늘려야 ② 늘이면

55 맞추다 | 맞히다
2단계 골라 써요 ① 맞추고 ② 맞혔다

56 바라다 | 발하다
2단계 골라 써요 ① 바란다 ② 발하는

확인 문제 7

① 벌리면서 ② 찿다 ③ 돋우는
④ 바라고 ⑤ ○ ⑥ △
⑦ △ ⑧ ✕ ⑨ 찿다
⑩ 맸다 ⑪ 돋우었다 ⑫ 늘려
⑬ 시키다 ⑭ 바라다 ⑮ 벌리다
⑯ 맞히다 ⑰ 시켰다 ⑱ 돋운다
⑲ 맞혔다 ⑳ 찾았다 ㉑ ○
㉒ ✕ ㉓ ✕ ㉔ ✕

8장 | 알쏭달쏭! 헷갈리는 두 단어 1

57 오랜만에 | 오랫만에
2단계 골라 써요 ① 오랜만에 ② 오랫만에

58 깨끗이 | 깨끗히
2단계 골라 써요 ① 깨끗이 ② 깨끗이

59 일일이 | 일일히
2단계 골라 써요 ① 일일이 ② 일일이

60 열심히 | 열심이
2단계 골라 써요 ① 열심히 ② 열심히

61 역할 | 역활
2단계 골라 써요 ① 역할 ② 역할

62 웃어른 | 윗어른
2단계 골라 써요 ① 웃어른 ② 웃어른

63 −봬요 | −뵈요
2단계 골라 써요 ① 봬요 ② 뵈러

64 안 하다 | 않 하다
2단계 골라 써요 ① 안 했다 ② 안 했다

확인 문제 8

① 오랜만에 ② 일일이 ③ 열심히
④ 안 했다 ⑤ 깨끗이 ⑥ 웃어른
⑦ 봬요 ⑧ 역할 ⑨ 일일이
⑩ 안 했다 ⑪ 오랜만에 ⑫ 봬요
⑬ 역할 ⑭ 웃어른 ⑮ 깨끗이
⑯ 열심히 ⑰ 웃어른 ⑱ 깨끗이
⑲ 열심히 ⑳ 오랜만에 ㉑ ○
㉒ ○ ㉓ ✕ ㉔ ○

9장 | 알쏭달쏭! 헷갈리는 두 단어 2

65 대물림 | 되물림
2단계 골라 써요 ① 대물림 ② 대물림

66 서슴지 않다 | 서슴치 않다
2단계 골라 써요 ① 서슴지 ② 서슴지

67 널따랗다 | 넙따랗다
2단계 골라 써요 ① 널따랗다 ② 널따란

68 아지랑이 | 아지랭이
2단계 골라 써요 ① 아지랑이 ② 아지랑이

69 여태껏 | 여지껏
2단계 골라 써요 ① 여태껏 ② 여태껏

70 한 움큼 | 한 웅큼
2단계 골라 써요 ① 한 움큼 ② 한 움큼

71 잠그다 | 잠구다
2단계 골라 써요 ① 잠그지 ② 잠그는

72 귓불 | 귓볼
2단계 골라 써요 ① 귓불 ② 귓불

확인 문제 9

① 아지랑이　② 여태껏　③ 잠갔다
④ 한 움큼　⑤ 널따랗다　⑥ 서슴지 않다
⑦ 귓불　⑧ 대물림　⑨ 널따란
⑩ 잠그지　⑪ 서슴지 않고　⑫ 여태껏
⑬ 대물림　⑭ 한 움큼　⑮ 아지랑이
⑯ 귓불　⑰ 아지랑이　⑱ 귓불
⑲ 잠갔다　⑳ 널따란　㉑ ✕
㉒ ✕　㉓ ○　㉔ ✕

10장 | 알쏭달쏭! 헷갈리는 두 단어 3

73 내로라하다 | 내노라하다
2단계 골라 써요 ① 내로라하는 ② 내로라하는

74 귀띔 | 귀띰
2단계 골라 써요 ① 귀띔해 ② 귀띔해

75 꼭짓점 | 꼭지점
2단계 골라 써요 ① 꼭짓점 ② 꼭짓점

76 찌개 | 찌게
2단계 골라 써요 ① 지우개 ② 날개

77 느지막하다 | 느즈막하다
2단계 골라 써요 ① 느지막하게 ② 느지막이

78 발자국 | 발자욱
2단계 골라 써요 ① 발자국 ② 발자국

79 설렘 | 설레임
2단계 골라 써요 ① 설레는 ② 설렌다

80 통째로 | 통채로
2단계 골라 써요 ① 껍질째 ② 뿌리째

확인 문제 10

① 꼭짓점　② 찌개　③ 통째로
④ 설렘　⑤ 발자국　⑥ 귀띔
⑦ 내로라하다　⑧ 느지막하다　⑨ 느지막하게
⑩ 내로라하는　⑪ 통째로　⑫ 귀띔해
⑬ 꼭짓점　⑭ 설렘　⑮ 발자국
⑯ 찌개　⑰ 찌개　⑱ 발자국
⑲ 내로라하는　⑳ 통째로　㉑ ○
㉒ ○　㉓ ✕　㉔ ○

11장 | 알쏭달쏭! 헷갈리는 두 단어 4

81 주스 | 쥬스
2단계 골라 써요 ① 저글링 ② 텔레비전

82 떡볶이 | 떡뽁이
2단계 골라 써요 ① 떡볶이 ② 라볶이

83 인사말 | 인삿말
2단계 골라 써요 ① 반대말 ② 머리말

84 폭발 | 폭팔
2단계 골라 써요 ① 폭발 ② 폭발

85 건드리다 | 건들이다
2단계 골라 써요 ① 건드려서는 ② 건드리지

86 움츠리다 | 움추리다
2단계 골라 써요 ① 움츠렸다 ② 움츠리고

87 빈털터리 | 빈털털이
2단계 골라 써요 ① 빈털터리 ② 빈털터리

88 드러나다 | 들어나다
2단계 골라 써요 ① 드러났다 ② 드러났다

확인 문제 11

① 빈털터리　② 건드리고　③ 떡볶이
④ 폭발　⑤ 주스　⑥ 인사말
⑦ 움츠리다　⑧ 드러나다　⑨ 움츠렸다
⑩ 떡볶이　⑪ 드러났다　⑫ 건드리지
⑬ 빈털터리　⑭ 인사말　⑮ 폭발
⑯ 주스　⑰ 빈털터리　⑱ 인사말
⑲ 폭발　⑳ 떡볶이　㉑ ○
㉒ ✕　㉓ ○　㉔ ○

12장 | 알쏭달쏭! 헷갈리는 두 단어 5

89 며칠 | 몇 일
2단계 골라 써요 ① 며칠 ② 며칠

90 설거지 | 설겆이
2단계 골라 써요 ① 설거지 ② 설거지

91 희한하다 | 희안하다
2단계 골라 써요 ① 희한한 ② 희한한

92 안쓰럽다 | 안스럽다
2단계 골라 써요 ① 안쓰러운 ② 쑥스러워하던

93 일부러 | 일부로
2단계 골라 써요 ① 일부러 ② 일부러

94 구시렁거리다 | 궁시렁거리다
2단계 골라 써요 ① 구시렁거렸다 ② 구시렁거리며

95 널브러지다 | 널부러지다
2단계 골라 써요 ① 널브러져 ② 널브러져

96 요새 | 요세
2단계 골라 써요 ① 요새 ② 요새

확인 문제 12

① 일부러　② 며칠　③ 요새
④ 설거지　⑤ 희한하다　⑥ 구시렁거리다
⑦ 널브러지다　⑧ 안쓰럽다　⑨ 희한한
⑩ 널브러져　⑪ 요새　⑫ 구시렁거렸다
⑬ 설거지　⑭ 일부러　⑮ 며칠
⑯ 안쓰럽다　⑰ 설거지　⑱ 며칠
⑲ 요새　⑳ 일부러　㉑ ○
㉒ ✕　㉓ ✕　㉔ ○

13장 | 알쏭달쏭! 헷갈리는 쌍받침·겹받침 1

97 겪다 | 격다
2단계 골라 써요 ① 낚으러 ② 묶었다

98 넋 | 넉
2단계 골라 써요 ① 몫 ② 삯

99 끼얹다 | 끼언다
2단계 골라 써요 ① 앉았다 ② 얹었다

100 끊다 | 끈다
2단계 골라 써요 ① 많다 ② 않고

101 귀찮다 | 귀찬다
2단계 골라 써요 ① 하찮은 ② 괜찮다

102 굵다 | 국다
2단계 골라 써요 ① 맑다 ② 붉다

103 핥다 | 할다
2단계 골라 써요 ① 핥았다 ② 훑고

104 읊다 | 읍다
2단계 골라 써요 ① 읊듯이 ② 읊으면서

확인 문제 13

① 겪었다　② 끊었다　③ 굵은
④ 넋　⑤ 끼얹다　⑥ 핥다
⑦ 귀찮다　⑧ 읊다　⑨ 끊어버리면
⑩ 겪은　⑪ 끼얹어　⑫ 핥았다
⑬ 넋　⑭ 굵다　⑮ 귀찮다
⑯ 읊었다　⑰ 귀찮은　⑱ 겪은
⑲ 핥았다　⑳ 끊었다　㉑ ✕
㉒ ✕　㉓ ◯　㉔ ◯

14장 | 알쏭달쏭! 헷갈리는 쌍받침·겹받침 2

105 굶다 | 굼다
2단계 골라 써요 ① 옮겼다 ② 닮았다

106 값 | 갑
2단계 골라 써요 ① 없었다 ② 가엾게도

107 밟다 | 밥다
2단계 골라 써요 ① 밟아서 ② 넓죽했던

108 잃다 | 일다
2단계 골라 써요 ① 싫었다 ② 옳은

109 샀다 | 샀다
2단계 골라 써요 ① 했다 ② 왔다

110 앉다 | 안다
2단계 골라 써요 ① 꿇어앉아 ② 주저앉았다

111 낚시 | 낙시
2단계 골라 써요 ① 밖 ② 묶음

112 짧다 | 짤따
2단계 골라 써요 ① 넓다 ② 떫은

확인 문제 14

① 값　② 앉았다　③ 밟았다
④ 잃고　⑤ 짧다　⑥ 굶다
⑦ 샀다　⑧ 낚시　⑨ 굶었다
⑩ 샀다　⑪ 밟은　⑫ 앉았다
⑬ 낚시　⑭ 값　⑮ 짧다
⑯ 잃었다　⑰ 값　⑱ 앉았다
⑲ 짧다　⑳ 잃었다　㉑ ◯
㉒ ◯　㉓ ◯　㉔ ✕

15장 | 발음이 같지만 의미가 다른 세 단어

113 빗 | 빚 | 빛

2단계 골라 써요 ① 빗 ② 빚 ③ 빛

114 낫 | 낮 | 낯

2단계 골라 써요 ① 낫 ② 낮 ③ 낯

115 낫다 | 났다 | 낮다

2단계 골라 써요 ① 낫다 ② 났다 ③ 낮다

116 갖다 | 갔다 | 같다

2단계 골라 써요 ① 갖고 ② 갔다 ③ 같다

117 있다 | 잊다 | 잇다

2단계 골라 써요 ① 있다 ② 잊었다 ③ 잇는

118 다치다 | 닫히다 | 닫치다

2단계 골라 써요 ① 다쳤다 ② 닫히는 ③ 닫치고

119 짓다 | 짖다 | 짙다

2단계 골라 써요 ① 짖고 ② 짓는 ③ 짙은

120 엎다 | 업다 | 없다

2단계 골라 써요 ① 업고 ② 엎어 ③ 없었다

확인 문제 15

① 낮고
② 잊었다
③ 짖어
④ 없다
⑤ ○
⑥ ✕
⑦ ✕
⑧ ○
⑨ 엎드리면
⑩ 빗고
⑪ 짓고
⑫ 있었다
⑬ 같다
⑭ 낮
⑮ 닫치다
⑯ 낫다
⑰ 다치지
⑱ 빚
⑲ 같다
⑳ 낯
㉑ ✕
㉒ ○
㉓ ✕
㉔ ✕

초등 글쓰기? 하나도 어렵지 않아요!
무작정 따라하다 보면 자신의 생각대로 3문장이 완성돼요!

주어부터 3문장까지 초등 기초 글쓰기 완벽 훈련!

초등 글쓰기 무작정 따라하기 첫걸음 편
최승한 지음 | 136쪽 | 12,800원
특별 부록 | 글쓰기 훈련집·정답 및 참고답안집

주어부터 시작하여 3문장까지
논리적으로 연결할 수 있는 글쓰기 능력을 길러줘요!

1 주어부터 3문장까지 단계적으로 문장을 구성하는 능력 함양!
주어부터 3문장까지 자신의 생각을 논리적으로 연결하는 훈련을 합니다.

2 부족한 글쓰기 훈련을 메워 줄 <글쓰기 훈련집> 제공!
본책의 학습이 끝나면 별도의 훈련집으로 기초 글쓰기를 더욱 폭넓게 익힐 수 있습니다.

3 문장 구성 능력을 풍부하게 만드는 <정답 및 참고 답안집> 제공!
<정답 및 참고 답안집>은 또 하나의 교재! 예시로 수록된 글들을 읽으며
좀 더 창의적이고 상상력이 풍부한 생각들을 다듬을 수 있습니다.